Die Zukunft gehört jenen,
die an die Schönheit ihrer
Träume glauben…

(Eleanor Roosevelt)

Peter Brauers

Hochzeitsbräuche

Das etwas andere Sachbuch zur Hochzeit…

IMPRESSUM

> Bibliografische Information der Deutschen Nationalbibliothek
> Die Deutsche Nationalbibliothek verzeichnet diese Publikation
> In der Deutschen Nationalbibliografie;
> Detaillierte bibliografische Daten sind im Internet über
> http://dnb.d-nb.de abrufbar

ISBN: 9783837035414

Herstellung und Verlag: Books on Demand GmbH, Norderstedt

1. Auflage 2009

© 2009 Peter Brauers

Für weitere Informationen besuchen Sie die Homepage des Autors:
www.diggis-hochzeitsforum.de

Inhalt

Vorwort 11
Eine kurze Geschichte der Hochzeit… 13
Vor der Hochzeit… 19
    Der Brautwerber 20
    Der Hochzeitsbitter 22
    Das Maiehen 24
    Liebespaar auf Probe 24
    Unter die Haube bringen… 25
    Verlobung *26*
        Damals und heute… 26
        Um die Hand anhalten 27
        Regionale Unterschiede 27
        Der Ring 28
        Deckeln und Jagdschein 30
        Aussteuer 31
        Hirschgrandl-Brosche 32
        Brotwerfen 32
        Fensterln 32
        Mahlschatz 33
    Der Polterabend *33*
        Der Stoff zum Glück… 34
        Rot werden verboten! 35
        Braut oder Kopie? 35
        Wann wird gefeiert? 35
        Kulinarisches 36
        Jetzt wird aufgeräumt… 36
        Keine Fluchtmöglichkeit 36
        Abschied unter Fackeln 37

Weitere Bräuche vor der Hochzeit *40*
   Der Junggesell(inn)enabschied 40
   Hennenrennen 41
   Bridal Shower 42
   Henna-Nacht 43
   Braut aufwecken 44
   Das Brautbad 44
   Gebekörbe 45
   Häckselstreuen 45
   Brautopfer 46
   Schräppeln und Kränzen 46

Der Tag der Hochzeit 48
   Der richtige Zeitpunkt der Hochzeit? *49*
      An welchem Tag heiraten? 49
      In welchem Monat, bei welchem Wetter heiraten? 51
      Mit welchem Alter sollte man heiraten? 52

   Hochzeitsmode *54*
      Geschichte des Brautkleids 54
      Selber nähen? Bloß nicht! 58
      Singen? Nicht jetzt! 58
      Darf ich mal sehen? Nein! 59
      Brautkranz und Brautkrone 59
      Der Brautschleier 61
      Die Handschuhe 62
      Von Brautschuhen und Kleingeld 62
      Der Cent im Brautschuh 62
      Die Schuhdiebe 63
      Brautjungfern 63

   Blumen *65*
      Der Brautstrauß 66
      Brautstraußwerfen 67
      Blumenkinder 67

   Tanzen! *70*
      Brautwalzer 71
      Der Lichtertanz 71
      Schleiertanz 72
      Besentanz 73

Münzentanz	73
Der Rosentanz	74
Der Zeitungstanz	74

Bräuche am Tag der Hochzeit ... *75*

Die Hochzeitstorte	75
Die zwei Kaffeebohnen	77
Der gefallene Ring	78
Das Ja-Wort	78
Schenke	79
Der verprügelte Bräutigam	79
Eselshochzeit	79
Das Bescheid-Tüchlein	80
Zwei Bockwürstchen	80
Altes, Neues, Geliehenes und etwas Blaues	80
Die Hochzeitskerze	81
Das Tablett mit dem Schlüssel	81
Brautentführung	82
Dosen am Auto und Autokonvoi	84
Bräutigam = Chauffeur	84
Brot und Salz	85
Hochzeitsknödel	85
Reis werfen	86
Schuhwerfen	86
Der Schuh an der Tür	86
Holzstammsägen	87
Die gemalte Hochzeitserinnerung	88
Die kulinarische Hochzeitserinnerung	89
Brautkuss	89
Hochzeitsspalier	90
Das Herzausschneiden	90
Die Wegsperre	91
Das gespannte Seil	91
Der Kammerwagen	92
Der Brautbecher	93
Maschkern	95
Kannenlauf	95
Burschenlauf	96
Hochzeitstauben	96
Einen Baum pflanzen	97

Der Kindsbaum	99
Das Hochzeitsmahl	99
Gastgeschenke – Hochzeitsmandeln und Co	100
Die Hochzeitszeitung	102

Nach der Hochzeit **105**

Bräuche nach der Hochzeit *106*
    Über die Schwelle tragen 106
    Hochzeitsnacht 106
    Morgengabe 108
    Der Kellentanz 108
    Das Hahnholen 109
    Das rote Bettlaken 109
    Drei alte Hexen… 110
    Flitterwochen und Honeymoon 110

Hochzeitsjubiläen *114*

Aberglaube kurz und knapp… **122**

Hochzeitsbräuche aus aller Welt **125**
    Scarification 126
    Das fließende Wasser 126
    Auf heißen Kohlen… 126
    Die (manchmal) nackte Braut 126
    Der richtige Zeitpunkt 127
    Nao-sin-fang 127
    Die rote Schnur 127
    Die Legende von Yueh Lao Yeh 128
    Das große Küssen 1 129
    Das große Küssen 2 129
    Der Monat des Honigweines 129
    Bonbons für die Gäste 130
    Strumpfbandversteigerung 130
    Die Höhlen von Arcy 130
    Die Dreifaltigkeit 131
    Eine Woche Pause 131
    Die Locke 131
    Der nackte Junggeselle 131

Der Seemuschel-Bläser 132
Der Flug der Schmetterlinge 133
Das Kind auf dem Schoß 133
Der Lauf ums Feuer 133
Die Betelpäckchen 134
Der eigene Wille 134
Der Holzklotz 134
Bräutigamweitwurf 135
Der dreifache Kleiderwechsel 135
Die Stressprobe 135
Geschlechtertrennung 136
Das gefesselte Hochzeitspaar 136
Die Hochzeits-Piñata 136
13 Münzen 137
Das Amulett 138
Die gemästete Braut 138
Erbsensuppe zum Schluss 138
Unterwäsche verkehrt 139
Der Heanatanz 139
Der Tannenbaum 139
Das Leiden des Bräutigams 140
Gaßlgehen 140
Das Brautlied 141
Haare kämmen 141
Der Preis der Liebe 142
Der Stab des Zeremoniemeisters 142
Der „Kletterer" 142
Das Rosenwasser auf der Türschwelle 143
Der Geldteppich 143
Eine Schuhsohle voller Namen 143
Salz in der Tasche 143
Verbotenes Grün 144
Der Fluss und die Silberlöffel 144
Der Schuh und der Dudelsackspieler 144
Die Braut als Glücksbringer 145
Einkaufen der Braut 145
Zigaretten, Zigarillos und Zigarren 145
Zweisamkeit mit Hindernissen 146
Das präparierte Ehebett 146
Die Trauerrede 147

Eine türkische Hochzeit *148*

Zum Schluss… **151**

Anhang **152**
    Kleine Liebesgötterkunde... 153
    Die Blumensprache 154
    Aus dem Tagebuch eines Geistes… 158

Vorwort

Hochzeitsbräuche? Alles altmodischer Kram! Oder doch nicht? Eine Hochzeit besteht aus zahlreichen Bräuchen, dessen Ursprung uns oft gar nicht bewusst ist. Vieles wird als selbstverständlich angesehen, da es einfach zum Ablauf einer Hochzeit dazugehört und deswegen praktiziert wird. Die Verlobung, der Ringtausch, das Anschneiden der Hochzeitstorte, der Hochzeitswalzer und die Flitterwochen, im Anschluss an die Hochzeit. Gut, Sie kennen die Hochzeitsbräuche. Ich weiß, wir befinden uns in einer schnelllebigen Gesellschaft, aber warten Sie noch einen Moment, bevor Sie dieses Buch gelangweilt wieder ins Regal zurückstellen! Es gibt nämlich noch einiges mehr zum Thema Hochzeitsbräuche zu berichten. Sie werden in diesem Buch auf Hochzeitsbräuche treffen, die nur in bestimmten Regionen unseres Planeten auftauchen, Sie werden auf Rituale stoßen, die mit uns bekannten und gelebten Bräuchen nicht mehr wirklich viel gemeinsam haben...

Sind Sie eigentlich abergläubisch?
Wenn wir über Hochzeitsbräuche und deren Ursprung reden kommen wir an einem Thema nicht vorbei: Dem Aberglauben. Viele Bräuche sind entstanden, um die Braut zu schützen, oder aber auch um die Fruchtbarkeit zu steigern und damit den Kindersegen zu fördern. Was wir heute mit einem Lächeln als Aberglauben abtun, war für viele Menschen damals nicht weniger als Gesetz und es gab Regeln, die nicht gebrochen werden sollten. Es gab so viele Dinge, die sich einfach nicht erklären ließen. Das schürte die Angst. Der Aberglaube nahm ein wenig dieser Angst, da die Menschen etwas hatten, an dem sie sich orientieren konnten. Das Unbekannte bekam ein Gesicht. *„Der Aberglaube ist ein Kind der Furcht, der Schwachheit und der Unwissenheit."*, behauptete Friedrich der Große einst. Wir werden also auch dem einen oder anderen Geist in diesem Buch begegnen...

Heute geht es jedoch kaum noch darum, böse Geister zu vertreiben. Die meisten haben wir bereits verjagt, auch wenn sie teilweise noch in Form von Parksünder-Jägern in Erscheinung treten, die den Hochzeitsgästen nette Zettelchen ans Auto heften. Es geht viel mehr darum, das Glück zu fördern, wobei das größte Glück Ihnen ja, wenn Sie heiraten, bereist widerfahren ist: Sie haben Ihren Partner für´s Leben gefunden!

Die Hochzeit selbst hat sich im Laufe der Jahre, Jahrzehnte und Jahrhunderte immer wieder gewandelt. Was würde passieren, wenn Sie sich in eine Zeitmaschine setzen, in die Vergangenheit reisen und jemanden fragen würden, was er zur Liebeshochzeit zu sagen hätte? Ein Schulterzucken und ein leeres Gesicht voller Fragezeichen wären wohl die Antwort. Die Hochzeit aus Liebe, wie wir sie kennen, war nicht immer selbstverständlich.

Ich lade Sie ein auf einen Streifzug durch die Geschichte der Hochzeit und deren Bräuche. Wir werden auch einen Blick über den Tellerrand hinaus wagen und zeigen, wie anderswo, in anderen Regionen unserer Erdkugel geheiratet wird.

Noch etwas: Verzeihen Sie mir, wenn ich nicht immer ganz ernsthaft bleibe. Dieses Problem trage ich schon sehr lange mit mir herum und auch die größten Pessimisten haben bisher keine Lösung dafür gefunden… Viel Spaß wünscht Ihnen mit einem Augenzwinkern:

Peter Brauers

Frankfurt, Juni 2009

Eine kurze Geschichte der Hochzeit...

Zunächst ein wenig trockene Sprachkunde: Der Begriff *Hochzeit* wird zurückgeführt auf das mittelhochdeutsche *hochgezit*, die Hohe Zeit. Das Wort stand jedoch nicht nur im Bezug zur Heirat, sondern zu den hohen Festtagen, wie Ostern, Pfingsten, Allerheiligen und Weihnachten. Im 17. Jahrhundert wurde der Begriff dann mehr und mehr, und später ausschließlich, mit dem Fest der Trauung verbunden.

Das Wort *Ehe* wiederum findet seine Wurzeln im altdeutschen *ewa*, was soviel wie Ewigkeit und Gesetz bedeutet. *Ewa* kann aber auch *Recht* bedeuten und von diesem Begriff machten vor vielen Jahren vor allem die Männer gebrauch, während die Frauen sich mit den *Pflichten* „beschäftigen" mussten...Leider scheint in einigen Regionen der Erde die Zeit stehen geblieben zu sein, zumindest, was die Verteilung von Rechten und Pflichten angeht.

Die Ehe hat einen langen Weg hinter sich. Sie hat sich ständig weiterentwickelt, von der Raubehe über die Kaufehe, der Muntehe zu weiteren Eheformen. Heute sehen wir auf einer Hochzeitszeremonie vor allem eines: Freude und vor allem Liebe. Die Liebe zweier Menschen zueinander, die aus eigenem Willen in eine gemeinsame Zukunft gehen. Die Liebeshochzeit ist, wenn man zurückdenkt, etwas ganz Modernes. Selbstverständlich gibt es auch heute noch arrangierte Ehen auf unserem Planeten. Zu oft werden jedoch *Arrangierte Ehen* und *Zwangsehen* miteinander verwechselt. Auch Gruppen oder Dreierehen bestehen noch in verschiedenen Ländern, aber die Liebeshochzeit hat sich, zumindest hierzulande, durchgesetzt. Das ist ganz und gar nicht selbstverständlich, wenn man mal einen Blick zurück auf die Geschichte der Ehe wirft. Tatsächlich kam die Liebesheirat erst Mitte des 19. Jahrhunderts zur Geltung. Bis dahin war es ein langer Weg, mit wechselnden Eheformen. Polygamie war nichts Außergewöhnliches und der Bräutigam konnte durchaus mehrere Frauen heiraten. Erst ab dem 15. Jahrhundert setzte sich die monogame Ehe nach und nach hierzulande durch.

Die Ehe war oft nicht mehr, als Mittel zum Zweck. Es ging um die finanzielle Sicherung und um die Nachkommenschaft. Die Vergrößerung des Besitztums war die Motivation. Darum entschied die finanzielle Situation des Partners, das Hab und Gut einer Person darüber, ob überhaupt eine Ehe zustande kommen sollte. Im Mittelalter war es vielen Menschen schlicht und einfach nicht möglich zu heiraten. Aufgrund der ärmlichen Verhältnisse, in denen viele Menschen lebten, war eine Versorgung auf lange Sicht so gut wie ausgeschlossen. Auch die Gesundheit des Partners musste mit einbezogen werden. Das durchschnittliche Lebensalter lag schließlich bei etwa 30 Jahren.

„Es ist die größte Gewissenlosigkeit und darum vor den Augen Gottes höchst strafwürdig, wenn jemand in den heiligen Stand der Ehe eintritt, ohne sich vorher genau über den Zustand seiner leiblichen Gesundheit unterrichtet zu haben."

Aus d. Buch
„Die eheliche Pflicht"

Die gebräuchlichste Eheform des Mittelalters war wohl die so genannte Muntehe. Der Begriff *Munt* bedeutet soviel wie Vormundschaft. Es wurde mit der Sippe der Braut ein Brautpreis vereinbart und wenn dieser Preis, auch Mundschatz genannt, geleistet wurde, ging die Vormundschaft vom Vater der Braut auf den Ehemann über. Die Heirat war also oftmals nicht viel mehr als das Resultat einer geschäftlichen Vereinbarung. Die Braut selbst hatte dabei kaum Mitbestimmungsrecht. Mit den Jahren veränderte sich die Form der Muntehe. Der Brautpreis wurde nicht mehr an die Sippe der Braut bezahlt, sondern an die Braut selbst. Dieses Geld sollte der finanziellen Sicherheit der Braut dienen, wenn dem Bräutigam etwas zustoßen sollte und er sie dadurch nicht mehr versorgen konnte.

Neben der Muntehe gab es noch zwei weitere Formen der Ehe, die Friedel- und die Kebsehe wenn man sie denn überhaupt als Eheformen bezeichnen kann, da sie kaum rechtliche Folgen hatten.

Für die Friedelehe würde man heute wohl eine Bezeichnung wie Ehe-light verwenden. Es gab keine Verlobung, es gab keine große Feier und die Braut erhielt so gut wie keine Absicherung, behielt jedoch die Verfügungsgewalt über all ihre Besitztümer. Aus rechtlicher Sicht gab es so gut wie keine Auswirkungen. Die Friedelehe konnte sogar parallel zu einer Muntehe bestehen oder auch zu einer solchen umgewandelt werden. Die einzige Verpflichtung, die der Bräutigam hatte, war die Ableistung der Morgengabe und eine gute Begründung, warum gerade die auserwählte Frau zur Ehefrau genommen werden wollte.

Bei der Kebsehe sagen wir der Romantik nun endgültig adé. Die Frau war hier nicht mehr als die Sklavin des Ehegatten der sie, wann immer er wollte, zum Geschlechtsverkehr zwingen konnte. Er hatte die absolute Verfügungsgewalt über die Frau. Der Begriff *Kebse* bedeutet soviel wie *Nebenfrau*. Haben auch Sie sich schon einmal gefragt, woher die leicht daher gesagte Redewendung *mit Kind und Kegel* stammt? Kegel wurden im Mittelalter uneheliche Kinder genannt, die aus einer Kebsehe stammten. Die Kebsehe war bis zum 9. Jahrhundert sehr weit verbreitet, bis die Kirche einschritt und sich gegen diese Form der „Ehe" einsetzte.

„Die Liebesheirat ist durchaus kein modernes Phänomen. Sie ist viel mehr ein Ideal, das im Laufe der Jahrhunderte an Überzeugungskraft gewann und eine Ehe ohne Liebe endlich in den Ruf brachte, ein Institut zur Ausbeutung der Frau zu sein."

Aus dem Buch
„Das zerbrechliche Glück"

Grundsätzlich kam der Kirche ab dem 10. Jahrhundert eine immer größer werdende Bedeutung zu und der Vormund der Braut wurde später durch die Trauzeugen abgelöst. Im Jahr 1225 wurde beschlossen, dass eine Trauung nur noch durch einen Priester durchgeführt werden könne und auch nur so Gültigkeit hätte. Eine nichteheliche Gemeinschaft war nicht nur unerwünscht, sie wurde sogar bestraft. Wurde eine Frau geschwängert, so musste sie auch geheiratet werden.

Hier ein kleiner Auszug aus der *Zeitschrift für Geschichte des Oberrheins* aus dem Jahr 1876, wo eine Maßnahme aus dem Jahr 1737 beschrieben wird:

„1737 den 6. Novembris ist Johannes Meyer von Mengen auff Serenissimi hohen Befehl in der Kirchen allhier von dem Herrn Diacono Zanden mit Barbara Pfisterin, welche Meyer sub promissione matrimonii (Anm.: Unter dem Versprechen sie zur Frau zu nehmen) geschwängert, copulirt worden, und weill ersagter Meyer die Pfisterin absolute nicht heurathen wollen, ist er von 4 Wächtern armata manu (Anm.: bewaffnet) in die Kirchen geführt, zum Altar hingeschleppt, seine Hand mit Gewalt in die Hand der Pfisterin eingeschlagen worden, und da er beständig „Nein" sagte: „Ich will sie nicht", etc., hat Herr Diaconus ex mandato Serenissimi „Ja" gesagt."

Die Kirchliche Trauung fand zudem nicht immer vor dem Traualtar innerhalb der Kirche statt. Gegen Ende des 11. Jahrhunderts war es in Teilen Frankreichs Brauch, dass die Ehepartner vor der Kirchentür getraut wurden. Diese Tradition breitete sich auch in Teilen Europas, wie Frankreich, England und auch Deutschland aus. Auch der Ringtausch wurde noch vor der dem Eintreten in den Kirchenraum vollzogen. Erst nachdem die Eheleute den Segen des trauenden Pfarrers empfangen hatten, wurden sie in die Kirche selbst gebeten, wo anschließend der eigentliche Gottesdienst begann.

Martin Luther hielt die Eheschließung nicht für eine ausschließlich kirchliche- sondern für eine weltliche Sache. Jede Region hatte seine eigenen Hochzeitsbräuche, ihre ganz eigenen Sitte. Luther war der Meinung, dass diese Sitten weiterbestehen und nicht durch die Kirchen verhindert werden sollten. Die Kirchen dagegen waren sich uneinig: Die Katholische Kirche sah in der Ehe ein Sakrament, die protestantische Kirche war anderer Meinung. Eine unabhängige Regelung wurde zunehmend erforderlich und der Staat griff ein: 1792 fand die Ziviltrauung Einzug in Europa, zunächst in Frankreich und Jahre später auch in Deutschland. Die Kirchliche Trauung durfte seit 1848 erst im Anschluß an die Schließung der Zivilehe, der zwei bis drei Trauzeugen beiwohnen mussten, vollzogen werden.

Seit 1998 sind, nebenbei erwähnt, keine Trauzeugen mehr erforderlich.

1876 wurde das „Reichsgesetz über die Beurkundung des Personenstandes und der Eheschließung" erlassen und ein neuer Berufszweig bekam zunehmend mehr Bedeutung: Der Beruf des Standesbeamten. Eine Eheschließung war nur noch im Beisein eines Standesbeamten möglich und rechtsgültig. Auch wenn die Liebesheirat immer mehr an Bedeutung gewann, die patriarchalische Rollenverteilung bestand noch sehr lange: Die Frau hatte sich um den Haushalt und um die Kinder zu kümmern, kam sie dieser Aufgabe nicht nach, war das ein akzeptierter Grund für die Scheidung.

Nichteheliche Gemeinschaften galten bis 1973 in Deutschland als sittenwidrig. Erst die Reform des Strafrechts im gleichen Jahr sorgte für Veränderung. Wenn man über nichteheliche Gemeinschaften oder die so genannte *Wilde Ehe* spricht, kommt man meist automatisch auf die 68er-Generation zu sprechen. Die Wilde Ehe war jedoch keine Erfindung dieser Generation, wie einige behaupten. Was jedoch stimmt ist, dass diese Form des Zusammenlebens erst durch die 68er-Revolution richtig publik wurde. Die nichteheliche Gemeinschaft existierte jedoch längst und zwar dort, wo es die finanziellen Mittel nicht erlaubten zu heiraten. Die 68er-Revolte brachte den Frauen unter anderem dieses: Ein neues Selbstvertrauen, Unabhängigkeit vom Mann, Gleichberechtigung. Die Frau hatte sich nicht mehr den drei K's unterzuordnen (Küche, Kinder, Kirche), sie durfte, ob sie nun Kinder hatte oder nicht, weiterhin ihrem Beruf nachgehen. Zum Thema Gleichberechtigung fällt mir übrigens ein Zitat von Uwe Seeler ein:

> „Ich entscheide die großen Dinge
> und meine Frau die Kleinen.
> Welche Dinge groß oder klein sind,
> bestimmt meine Frau…"

Gut zu wissen, aber kommen wir zum nächsten Punkt: Berufstätige Frauen. Was für uns heute selbstverständlich ist, war, und da nehmen wir mal das Jahr 1963 heraus, längst nicht immer so: In dem besagten Jahr wurde eine Umfrage gestartet und demnach empfanden 60 Prozent der Frauen eine Berufstätigkeit als nicht normal. Die Ehe verlor an Bedeutung, denn nun war es möglich, auch unverheiratet zusammen zu sein, eine „eheliche Lizenz zur Liebe" war nicht mehr nötig und auch das Tabuthema vorehelicher Geschlechtsverkehr hatte längst seinen „Schrecken" verloren. Die Zahl der Heiratenden in Deutschland ging zurück.

Auch heute besteht noch dieser Trend, während die Scheidungsquote steigt. Kein gutes Zeichen, wie auch Eberhard Straub in seinem Buch *Das zerbrechliche Glück* beschreibt:

„Das Gebot der Treue „Bis dass der Tod uns scheide" war vielleicht praktikabel zu Zeiten, da die Menschen früh starben. Unter den Bedingungen der sich fort und fort entwickelnden Medizin, des langen Jungbleibens und häufiger Verjüngungsversuche kann Treue offenbar sehr anstrengend sein oder schlichtweg die Phantasie der meisten überfordern..."

Da bleibt mir nur eines zu sagen: Ich wünsche Ihnen, liebes verheiratetes Paar, liebes Paar, welches den großen Tag bald feiern wird, dass Sie diesem Punkt widersprechen und der Scheidungsstatistik mit einem Lächeln die kalte Schulter zeigen werden...

Hochzeitsbräuche –
Alles KANN, nichts MUSS.
Was für den einen blanker Unsinn ist, ist für den anderen eine schöne Fortsetzung alter Familientradition oder vielleicht sogar der Beginn einer solchen. Bräuche gehören zur Hochzeit. Doch welche davon umgesetzt werden, ist und bleibt Geschmackssache.

(Ramona Scheidecker)

Vor der Hochzeit...

Der Brautwerber

Damals hatte das Heiraten oftmals herzlich wenig mit Liebe zu tun. Es ging häufig eher darum, die Existenz zu sichern und auszubauen. Ob es nun um die Vererbung eines Grundstücks ging oder darum, die Erziehung der Kinder zu sichern. Wer die gestellte Aufgabe am besten lösen konnte war die Auserwählte. Da wir der Romantik damit eh völlig den Rücken zugekehrt haben, kann auch erwähnt werden, dass der Suchende in vielen Fällen nicht einmal selbst tätig wurde. Er ließ suchen...

Diese Aufgabe übernahm der Brautsucher, oder auch Brautwerber genannt, und es handelte sich dabei um einen richtigen Berufszweig. Der Brautsucher musste natürlich die Bewohner des Dorfes kennen. Das war Voraussetzung, um auch das „Passende" für seinen Auftraggeber zu finden. Der Brautwerber kannte die richtigen Anlaufstellen, um den Wünschen seines Auftraggebers gerecht zu werden.

Hochzeitsbitter. Südliche Lausitz. 1880

Der Brautsucher wurde meist feierlich empfangen, es war eine festliche Angelegenheit, wenn der Brautsucher hoch zu Ross sein Anliegen kundtat. Fand er dann die Richtige für seinen Klienten, übermittelte er ihr den Heiratsantrag des potenziellen Bräutigams. Die Entscheidung, ob es zu einer Verehelichung kommen sollte, was in den meisten Fällen der Vater der möglichen Braut entschied, wurde auf unterschiedlichste Art und Weise bekannt gegeben.

In Westfalen etwa hatte der Brautwerber Pech, wenn er als Empfangsgeschenk ein reichhaltig bestrichenes Butterbrot erhielt. Das bedeutete soviel wie „lass es dir schmecken, aber unsere Tochter bleibt hier…"

Der Heiratsvermittler aus dem Jahr 1625 von Gerard van Honthorst

In Baden und Tirol dagegen konnte sich der Brautwerber glücklich schätzen, wenn er gebackene Strauben erhielt, was einer Zusage gleichkam.

Gelegentlich wurde dem Brautsucher auch ein in Stoff gewickeltes Brot mit auf den Weg gegeben. Handelte es sich dabei um ein weißes Tuch, bedeutete es ein *Ja*, bei einem schwarzen Tuch hingegen…nun ja, ging die Suche halt weiter.
Heutzutage gibt es die professionellen Heiratsvermittler. Bei einer von einem Dritten vermittelten Ehe spricht man von der arrangierten Ehe, welche beispielsweise in Indien oder Regionen der Türkei noch immer eine sehr große Rolle spielen. Susanne Gaschke, eine

deutsche Journalistin und Autorin, hat in ihrem Buch, die Emanzipationsfalle, eine interessante Ansicht zum Thema arrangierte Ehe:

„Vielleicht wäre die Antwort auf Scheidungsrekorde, Geburtenkrise und flächenbrandartige Einsamkeit tatsächlich eine neue Version der arrangierten Ehe. Langzeitstudien zwischen in traditioneller Weise arrangierten indischen und westlichen „romantischen" Ehen zeigen, dass die arrangierten Ehen zwar weniger glücklich begännen, dass aber nach fünf Jahren die Zufriedenheit der Partner die der „Romantiker" übersteige."

Interessante These, aber ich bevorzuge dennoch die Hochzeit aus Liebe…

Der Hochzeitsbitter

Der Hochzeitsbitter, oder auch Hochzeitslader, oder Prograder oder Prokurator genannt, hatte damals eine wichtige Stellung, wenn es um das Heiraten ging. Er hatte gleich mehrere Aufgaben zu erledigen. Die Arbeit des Hochzeitsbitters gliederte sich in drei Bereiche:

- Planung der Hochzeit
- Bekanntmachung der Hochzeit
- Durchführung der Hochzeitsfeier

Das hört sich nach regelmäßigem Nervenzusammenbruch an, nicht wahr? Es verdeutlicht zumindest die Wichtigkeit dieser Person.

Nach der Verlobung war der Hochzeitsbitter erster Ansprechpartner für das zukünftige Ehepaar. Im ersten Schritt ging es um die Planung des großen Tages. Alle Details der Feierlichkeiten wurden besprochen, wie der Zeitpunkt des Hochzeitsfestes, der Ort der Trauung, die finanziellen Aspekte und der Ablauf des Hochzeitstages an sich. Wenn all diese Punkte klargestellt waren ging es darum, die anstehende Hochzeit publik zu machen, der zweite Aufgabenbereich des Hochzeitsbitters. Internet und Email gab es zu dieser Zeit wohl nur in Gedanken, und zwar auch nur in den Köpfen derer, die Visionen oder ein Glas Schnaps zuviel intus hatten. Die Sache musste anders gelöst werden. Also nahm der Hochzeitsbitter seinen Rosenholz-Stock, der mit bunten Bändern verziert war und zog los, um den Dorfbewohnern persönlich die wichtige Meldung der anstehenden Heirat zu überbringen. Die am Stock befestigten, bunten Bänder waren natürlich nicht da, weil ansonsten alles so farblos war, sondern weil sie eine Bedeutung hatten. Die Farben standen für Liebe, Treue, Jungfräulichkeit und Hoffnung. Oftmals waren die Bändchen auch am Hut des Hochzeitsbitters angebracht. In Westfalen war es zudem Brauch, dass die Dorfbewohner, welche die Einladung zur Hochzeit annahmen, eine Papierschleife um den Stock des Hochzeitsbitters banden. Gut für ihn, denn am Abend konnte er nachzählen, wieviele Einwohner zur Hochzeitsfeier zugesagt hatten. Oft erhielt der Hochzeitsbitter einen Schnaps, wenn er auf einem Hofe vorsprach. Der gute Mann musste also nicht nur rhetorisch begabt und mit einer belastbaren Stimme gesegnet sein, sondern auch einige...hicks...Drinks vertragen können...

Redegewandtheit gehörte, wie gesagt, zu den Grundvoraussetzungen des Hochzeitsbitters oder Hochzeitsladers.
Hier ein kleiner Auszug aus dem empfehlenswerten Buch „ *Wilde Kirschen*" von Heinrich Hansjakob. der sehr schön darstellt, wie denn eine solche Ansprache aussehen konnte:

„Ehrsame, gute Freunde und Nachbarn. Ich hoffe, ihr werdet es mir nicht für übel nehmen, daß ich euch so frech angeredet habe und so grob in eure Stube eingetreten bin und vorher nicht um Verzeihung gebeten habe. Es geschieht aber nicht wegen Meiner, sondern es geschieht zwischen den zwei ehrsamen Hochzeitsleuten. Es schickt mich zu Euch, als guten Freunden und Nachbarn, der ehrsam Jüngling, der Andreas, des Stampers Sohn im Waldstein mit seiner ehrsamen, züchtigen Jungfrau und Hochzeiterin Karoline Heitzmann, Euch auf ihre eheliche Hochzeit zu berufen und zu laden, daß ihr am nächsten Donnerstag sollt in das löbliche Kronenwirtshaus auf die Morgensuppe kommen oder wie man pflegt zu sagen."

Mit dem dritten Aufgabenbereich seiner Arbeit übernahm der Hochzeitsbitter am Tag der Hochzeit die Aufgabe des Zeremonienmeisters. Er war also für den problemlosen Ablauf der Hochzeitsfeier zuständig. Heutzutage gibt es für die einzelnen Aufgabenbereiche zahlreiche Dienstleister, die um die Gunst der Hochzeitspaare buhlen. Mit der heutzutage gültigen Promillegrenze hätte der Hochzeitsbitter von damals wohl eh verdammt schlechte Karten, wenn er sich abends, nach all den Begrüßungsschnäpsen auf den Weg nach Hause machen würde…

Das Maiehen

Im Rheinland wurde vor langer Zeit an nur einem einzigen Tag die Zukunft zweier Menschen festgelegt. Dieses geschah in der Nacht zum ersten Mai, der Walpurgisnacht. An diesem Tag trafen sich die Burschen des Dorfes und entzündeten ein Feuer. Dann stieg einer der Burschen auf einen Stein oder eine andere Erhöhung und sprach:

„Hier steh ich auf der Höhen, und rufe aus mein Leben, das Lehn, das Lehn, das erste Lehn, dass es die Herren recht verstehen! Wem soll es sein?"

Nach dieser Ansage wurden ein Mädchen und ein Junge dazu bestimmt, ab sofort ein Paar zu sein. Wenn ein Bursche ein Mädchen eines anderen Dorfes begehrte, gab es auch hier Lösungsmöglichkeiten. Allerdings nur gegen Bares: Der Bursche musste das Mädchen seiner Träume erst loskaufen…

Liebespaar auf Probe

Heute kaum noch vorstellbar, gab es sie damals in einigen Gegenden tatsächlich: Die Probenächte zwischen den potenziellen Eheleuten. Die Verlobung wurde erst bekannt gegeben, wenn die Braut schwanger wurde. In vielen Gegenden ging es neben Aussicht auf die finanzielle Zukunft, schließlich wurden teilweise ganze Höfe vererbt, auch darum, den Nachwuchs zu sichern. Mit der Schwangerschaft wurde diese Voraussetzung erfüllt und man(n) war auf der sicheren Seite…

In manchen Gegenden glichen die ersten Tage eher einem Casting für eine Fernsehshow. Die potenzielle Schwiegermutter schaute ihrer potenziellen Schwiegertochter ganz genau auf die Finger. Die „Bewerberin" musste einige Prüfungen über sich ergehen lassen. Es wurden Handarbeiten und Geschick, etwa beim Lösen eines Knotens, geprüft. Auch die Geduld wurde auf die Probe gestellt. Theoretisches Wissen im Zusammenhang mit dem Haushalt war ebenso wichtig. Wie zu sehen wurde der eventuellen Braut einiges abverlangt, aber es zeigte auch deutlich wo der Weg, wenn denn eine Ehe zustande kommen sollte, hinführen würde...

Aus der Oberpfalz stammt ein Brauch, bei dem man auf eine, nun ja, etwas ungewöhnliche Weise feststellen wollte, ob die Frau denn auch als Ehefrau taugen würde. Mittelpunkt dieses Brauches war der Käse. Richtig, an der Technik, wie ein Käse geschnitten wurde, konnte abgeleitet werden, ob tatsächlich die „richtige" Partnerin gefunden wurde. Ausschlaggebend war die Rinde des Käses. Hatte die Frau lediglich die oberste Schicht abgeschabt, war sie anscheinend sparsam und damit bestens als Ehefrau „geeignet". Wurde der Käse mitsamt Rinde verschlungen, galt die Frau als schlampig und niveaulos. Das Entfernen der gesamten Käserinde galt dagegen als Zeichen der Verschwendung.

Unter die Haube bringen...

Diese Redewendung kennt wohl jeder, doch wie kam sie eigentlich zustande? Wenn man im Mittelalter einer Frau begegnete, die eine Haube trug, hieß das in der Sprache der heutigen Zeit etwa Folgendes: „Such Dir ´ne andere, ich bin verheiratet!". Die Haube gab also Aufschluss über den Familienstand der Frau.
Die Haare einer Frau machten diese begehrenswert und da die Frau nach ihrer Hochzeit nicht das Begehren auf sich ziehen sollte, zumindest nicht von anderen Männern, trug sie fortan die Haube.
Die Haube galt damit auch als Zeichen der Achtsamkeit und der Anständigkeit. Trug die Frau damals keine Haube, wurde sie nicht selten als loses Frauenzimmer abgestempelt. Diesem Status versuchte die Frau natürlich zu entgehen und das gelang nur so: Indem geheiratet wurde...
In adeligen Kreisen wurde statt der Haube eher auf Kopfschmuck wie Krönchen, Klammern oder Bänder zurückgegriffen.

Verlobung

Damals und heute...

Viele halten es für einen einfachen, romantischen Brauch, mit welchem der Welt mitgeteilt wird, dass eine gemeinsame Zukunft angestrebt wird. Eine Verlobung ist jedoch viel mehr als das, sie kann nämlich auch rechtliche Konsequenzen nach sich ziehen, welches im BGB beschrieben wird (§§ 1297-1302). Lassen Sie uns einen nüchternen Blick auf die Gesetzgebung werfen

§ 1298
(1) Tritt ein Verlobter von dem Verlöbnisse zurück, so hat er dem anderen Verlobten und dessen Eltern sowie dritten Personen, welche an Stelle der Eltern gehandelt haben, den Schaden zu ersetzen, der daraus entstanden ist, daß sie in Erwartung der Ehe Aufwendungen gemacht haben oder Verbindlichkeiten eingegangen sind. Dem anderen Verlobten hat er auch den Schaden zu ersetzen, den dieser dadurch erleidet, daß er in Erwartung der Ehe sonstige sein Vermögen oder seine Erwerbsstellung berührende Maßnahmen getroffen hat.

Nach der Verlobung besteht ein familienrechtliches Gemeinschaftsverhältnis und der Partner kann unter bestimmten Umständen sogar zu Schadensersatzleistungen „verdonnert" werden. Das können wir nachlesen im Paragraph 1299 BGB:

§1299
Veranlaßt ein Verlobter den Rücktritt des anderen durch ein Verschulden, das einen wichtigen Grund für den Rücktritt bildet, so ist er nach Maßgabe des § 1298 Abs. 1, 2 zum Schadensersatze verpflichtet.

Nun ist eine Verlobung heutzutage, auch bei der Katholischen Kirche, keine Voraussetzung mehr zum Heiraten. Viele Hochzeitspaare ignorieren diesen Brauch heutzutage und die Zahl der „Ignoranten" steigt. Eine Verlobung hat heutzutage wohl einfach nicht mehr die Bedeutung, die sie vor vielen, vielen Jahren hatte.

Damals war der Tag der Verlobung ein enorm wichtiger Tag. Es wurden die Weichen für die Zukunft gestellt und man gab sich nicht dem romantischen Gedanken einer endlosen Liebe hin. Nein, es wurde eiskalt kalkuliert. Die Ehe wurde am Tag der Verlobung vertraglich besiegelt, im Normalfall unter Zeugen. Das war auch nötig. Es wurden Punkte besprochen und verhandelt, die großen Einfluss auf die zukünftige Zeit beider Ehepartner hatte. Es ging nicht nur um die Finanzierung des Hochzeitstages beziehungsweise der Hochzeitsfeier. Materielle Angelegenheiten, wie die Aufteilung von Heim und Hof wurden besprochen. Auch die Erbfolge musste ausgehandelt werden. Alles wurde bis ins kleinste Detail angesprochen und festgehalten und zwar im sogenannten Heraths-Brief.

Um die Hand anhalten

Bei den germanischen Vorfahren besiegelte nicht etwa ein Kuss die Verlobung. Das wäre ja auch viel zu romantisch gewesen und wir haben ja bereits gelesen, dass Romantik bei der Hochzeit nicht immer relevant war …Das Vortragen des Heraths-Briefes des zukünftigen Ehepartners vor dem prasselnden Lagerfeuer hätte da wohl auch nicht mehr viel gerissen…aber wir waren ja gerade mit dem Küssen beschäftigt. Irrelevant. Die Verlobung wurde durch einen Handschlag rechtswirksam und damit erklärt sich die Redewendung „um die Hand anhalten", welche tatsächlich aus diesem Brauch entstand. Es ging schließlich nicht nur um die Braut, sondern auch darum, was sie besaß und mit in die Ehe führen sollte.

Regionale Unterschiede

Was die Verlobung anging, gab es regional natürlich große Unterschiede. In Bayern war es bis Mitte des 20. Jahrhunderts noch Sitte, die Verlobung am 22. oder 24. Juni bekannt zu geben. Dieses geschah durch einen gemeinsamen Sprung, Hand in Hand, über das Sonnwendfeuer.

In anderen Regionen wurde, nicht ganz so spektakulär die Verlobung damit besiegelt, dass vom selben Teller gegessen oder gemeinsam aus einem Glas Wein getrunken wurde. Auch ein Ehepfand war Tradition. Der Bekannteste ist wohl der Verlobungsring, auf den ich gleich noch zu sprechen komme. Eine interessante Form des Ehepfands war auch der „Knoten", der meist auf einer Brosche zu finden war. Der Knoten war so eine Art Eheversprechen mit Rückzugsmöglichkeit. Sollte es, aus welchen Gründen auch immer, doch nicht klappen mit der gemeinsamen Zukunft, konnte der Knoten noch symbolisch gelöst werden. Beim Schreiben dieser Sätze muss ich unweigerlich an damals denken, als ich meinen ersten Gebrauchtwagen kaufte. Auch er musste einer Probefahrt standhalten. Der Knoten hielt und ich blieb bei meinem tollen Wagen, was im Nachhinein ein Fehler war. Die Autowerkstatt fand das toll, denn ich wurde nach zwei Tagen mit meinem „Neuen" lächelnd empfangen. Nun aber widmen wir uns wieder unserem Thema, der Verlobung...

Die Verlobungsfeier war auch mit umfangreichen Beschenkungen verbunden. Die Braut erhielt das sogenannte Handgeld, welches als Notgeld für die gemeinsame Zukunft dienen sollte. Auch Hüte und Kopftücher waren beliebte Braut-Geschenke. Der Bräutigam bekam meist Geschenke in Form von Hemden, Westen oder Halstüchern. Oftmals webte die Frau ihrem Zukünftigen ein Hemd, welches er am Hochzeitstag trug. Das war ein Hinweis auf lebenslange Treue.

Der Ring

Schon immer war der Ring von großer Bedeutung, auch wenn er damals nicht immer aus Gold, Silber oder Platin bestand. Die Symbolik stand im Vordergrund. Bei den Kelten wurden Ringe sogar aus Gras geflochten. Die unterschiedlichen Grassorten symbolisierten dabei die Zugehörigkeit der verschiedenen Stämme. Überlieferungen zeigen, dass bereits vor Christus der Ring als Eheversprechen eingesetzt wurde. Dieses berichtete Plautus, ein römischer Dichter. Im alten Rom bekam die Braut anstatt eines Ringes einen Schlüssel aus Eisen überreicht. Der Schlüssel sollte verdeutlichen, dass die Braut mit der Trauung auch die Schlüsselgewalt des Hauses übernahm. Das Eisen symbolisierte dabei Treue und Bescheidenheit.

Was den Ring heute als Symbol auszeichnet ist die Beständigkeit und die Tatsache, dass er kein Ende hat, wie es ja auch in der Ehe sein sollte. Der Verlobungsring wurde bis zum 14. Jahrhundert traditionell nur von den Frauen getragen. Die Frauen gelobten damit die ewige Treue. Die Männer hatten dagegen etwas „mehr Spielraum".

Nebenbei erwähnt: Viele glauben noch immer, dass dieser Spielraum besteht und müssen dann überrascht feststellen, dass das Thema Emanzipation heutzutage eine doch größere Rolle spielt...

Wie dem auch sei, im 14. Jahrhundert wurde der Ringtausch eingeführt und wurde damit fester Bestandteil des Eheversprechens.

Im 15. Und 16. Jahrhundert gab es auch die so genannten Zwillingsringe. Dabei handelte es sich praktisch um zwei Teile eines Ringes, die nach der Verlobung von beiden Partnern getragen wurden. Am Tage der Hochzeit erhielt die Braut zu ihrem Ring noch den Ring des Ehemannes. Beide Teile konnten nun zu einem einzigen Ring zusammengesteckt werden.

Hierzulande hat es Tradition, dass der Verlobungsring an der linken Hand getragen wird. Zur Trauung wechselt er dann auf die rechte Hand. An dieser Stelle unterscheiden sich jedoch die Ansichten. Viele Paare halten an dieser Tradition fest, andere sind der Meinung, dass es grundsätzlich besser und auch logischer wäre, den Ring, ob zur Verlobung oder zur Hochzeit, grundsätzlich an der linken Hand zu tragen. Grund dafür: Die linke Hand liegt näher am Herzen. Am vierten Finger der linken Hand verläuft die *vena amoris*, die Liebesader.
Die alten Gallier trugen das edle Schmuckstück dagegen immer am Mittelfinger. Wer pragmatischer eingestellt ist könnte auch behaupten, dass der Ring dadurch weniger beansprucht wird, zumindest wenn man kein Linkshänder ist.

Zu der Gravur der Eheringe lässt sich Folgendes sagen: Meistens wird der Vorname des Ehepartners auf der Innenseite des Eheringes eingraviert. Oftmals entscheidet sich das Brautpaar aber auch dazu, die Initialen des Partners im Ring zu verewigen. Je moderner die Technik, desto größer die Möglichkeiten: Heutzutage ist es bei einigen Juwelieren auch möglich, die Unterschrift des Partners eingravieren zu lassen. Auch der Trauspruch könnte Verwendung finden. Dieser ist natürlich nur noch sichtbar, wenn er nicht all zu lang ist, oder man über verdammt gute Augen verfügt... Eine weitere schöne Idee wäre es, die Fingerabdrücke des Partners eingravieren zu lassen. Durch die Lasertechnik können solche Vorhaben mittlerweile realisiert werden.

Deckeln und Jagdschein

Hier haben wir es mit einem Brauch zu tun, der heutzutage nur noch selten auftaucht. Zur Geschichte: Damals sahen es die jungen, männlichen Dorfbewohner gar nicht gerne, wenn ein „Fremder" aus einem Dorf ein Mädchen ihrer Gemeinde umgarnten. Wenn jemand wagte, ein solches Mädchen für sich zu gewinnen, wurde er genauestens beobachtet. Wenn nach einer gewissen Zeit festgestellt wurde, dass es der Auswärtige tatsächlich ernst meinte mit „ihrem" Mädchen, wurde der Jagdschein vorbereitet und die Burschen zogen los, mit Kochtopfdeckeln im Gepäck, um der potenziellen Braut einen kleinen Besuch abzustatten. Sie mussten sich allerdings sicher sein, dass sich der Auswärtige bei ihrem Besuch ebenfalls dort aufhielt. Dazu verschaffte sich einer der Burschen unter Vorwand den Zugang zum Haus, während die anderen draußen warteten. Wenn sichergestellt war, dass sich der Verehrer des Mädchens tatsächlich im Hause der Verehrten aufhielt, gab der „Spion" ein Zeichen und dann begann das Deckeln. Die Kochtopfdeckel wurden gegeneinander geschappert und vom Pfeifen und Gejohle begleitet, bis die Tür geöffnet wurde und die Burschen Zutritt zum Haus erlangt hatten. Im Heim der (leider) Zukünftigen wurde der so genannte Jagdschein an den (leider) Auswertigen übergeben.

Der Jagdschein legte die „Regeln" fest, die der Auswertige zu beachten hatte, wenn er tatsächlich interessiert an dem Mädchen war. Um den Jagdschein zu erhalten, der oftmals feierlich von den Burschen vorgelesen wurde, musste er zudem ein Lösegeld zahlen. Warum Jagdschein? Weil in diesem Schein, die Frau als Wild definiert wurde und dem Verehrer mit diesem Schein erlaubt wurde, „Jagd" auf dieses Wild zu machen.

Am Ende der Zeremonie war das Dorfmädchen wohl tatsächlich in die Fänge des Auswärtigen geraten und fühlte sich dabei anscheinend auch noch wohl...Dafür hatten sich die Burschen mit dem Erlös des Jagdscheins einen schönen, gemeinsamen Umtrunk finanziert...

Aussteuer

Das Verlassen des Elternhauses war auch damals ein großer Einschnitt im Leben der zukünftigen Eheleute. Der Haushalt musste erst aufgebaut werden, die Leute besaßen meist nicht viel. Die Mädchen begannen daher sehr früh, sich auf die Ehezeit vorzubereiten und die Aussteuer aufzubauen. Unter den Gegenständen waren meist Stoffe wie Tischdecken, Bettwäsche und Leinen. Das wertvolle Gut, welches die Mädchen in die Ehe mitbringen wollten, wurde häufig in einer Holztruhe aufbewahrt. Der Name und das Geburtsdatum des Mädchens wurden zudem in die Truhe eingeritzt.

In Rumänien wurde die Brauttruhe vom Bräutigam bestellt oder gar selbst geschnitzt. Die Holztruhe wurde dann nach der Verlobung in einer feierlichen Zeremonie durch das Dorf gefahren und ins zukünftige Zuhause gebracht. Nach dem Tode eines Ehepartners wurde die Brauttruhe verbrannt.

Heutzutage ist es für die meisten Hochzeitspaare einfacher. Häufig besitzen sie bereits alles, was für den Haushalt benötigt wird, außer vielleicht den für die Zukunft so enorm wichtigen Muffin-Maker... Viele Paare leben bereits vor der Hochzeit in einer gemeinsamen Wohnung und haben ihren Haushalt längst gemeinsam aufgebaut. Die Aussteuer hat deshalb nicht mehr die Bedeutung, die sie damals inne hatte.

Hirschgrandl-Brosche

Diesen traditionellen Brauch findet man meist am Montag vor der Hochzeit. Anlässlich dieses Tages binden die Freundinnen der Braut verschiedenen Blumenkränze und Girlanden. Diese bestehen oft aus Tannenzweigen und einem weiteren „wichtigen" Bestandteil, der Myrte, Symbol der Liebesgöttin Venus.

Brotwerfen

„Willst Du mich heiraten?"
So kennen wir das heute, aber damals, zu Beginn des 19. Jahrhunderts gab es Gegenden, in denen Männer dieses Thema anders angingen. Die Feldarbeiter warfen ihrer Traumfrau ein Brot zu und begleiteten dieses, damit es nicht wie Völkerball aussah, mit diesem Spruch: „Ich geb Dir´s auf die Eh!"
Nahm die auserwählte Fängerin dieses Angebot an, galten beide fortan als verlobt.

Fensterln

Gerade in Österreich war dieser Brauch sehr beliebt. Der Mann kletterte zum Fenster der Braut und erhoffte sich Einlass ins Schlafgemach seiner Angebeteten. Indem er die Strapazen des Kletterns und das Risiko erwischt zu werden annahm, bewies er der Frau seine Liebe. Heute findet dieser Brauch kaum noch Anwendung, da es mittlerweile andere, einfachere Möglichkeiten gibt. Dennoch handelt es sich um einen sehr romantischen Brauch. Unromantisch reagierte jedoch ein Amtsgericht, welches für Romantik herzlich wenig übrig hatte. Im Zusammenhang mit dem Fensterln war von Hausfriedensbruch die Rede und dieses kann zur fristlosen Kündigung des Mietverhältnisses führen.

Ein Gesetz für die einen, der Sieg der Bürokratie über die Romantik für die Anderen...

Mahlschatz

Hier ging es um das Geschenk, welches die Braut von ihrem zukünftigen Gemahlen erhielt. Oft spricht man dabei auch vom Ehepfand. Normalerweise wurde dieses Geschenk vom Vater der Braut aufbewahrt und dort blieb es bis zum Hochzeitstag. Erst an diesem Tag ging das Präsent in den Besitz der Braut über. Natürlich erhielt auch der Bräutigam ein Verlobungsgeschenk seiner Liebsten, welches jedoch von ihm selbst bis zum Hochzeitstag aufbewahrt wurde. Das klassische Ehepfand ist wohl der Verlobungsring. Damals wurden allerdings auch andere Dinge verwendet, beispielsweise Stoffwaren wie Kopf- und Taschentücher und auch Kleidungsgegenstände wie Schuhe, Handschuhe oder Hüte. Was auch immer „verwendet" wurde: Mit dem Ehepfand wurde die Ehe quasi besiegelt und wer das Pfandstück annahm, band sich unmissverständlich. Um diese Verbindung, den Bund des Lebens, zu verdeutlichen, wurde auch oftmals ein Band als Ehepfand verwendet.

Der Polterabend

Die Große Feier vor dem großen Tag und das beste Beispiel dafür, dass das Zerstören des eigenen Haushaltsgeschirrs so richtig Spaß machen kann...

Der Polterabend gehört auch heute noch zu den beliebtesten Bräuchen, wenn es um das Heiraten geht. In Österreich und der Schweiz wird ebenfalls der Polterabend gefeiert, allerdings täuscht der Begriff hier ein wenig. Der Polterabend ist eher mit einem Junggesellenabschied vergleichbar. Man zieht gemeinsam, oft mit einheitlichen T-Shirts bekleidet durch die Stadt oder besser gesagt durch die Gastronomieszene und feiert ausgelassen.

„Was soll der Lärm?", fragen sich viele Menschen, mit hochrotem Kopf und Zorn in den Augen, also meist die Nachbarn. Ganz einfach: Es gehört (irgendwie) dazu, es macht unglaublich viel Spaß und vor allem dient es dem Schutze des zukünftigen Hochzeitspaares!
Der Brauch des Polterns wurde schon vor Jahrhunderten praktiziert. Damals zogen die Verwandten, Nachbarn und Freunde durch das Dorf, meist mit Stöcken und Peitschen ausgerüstet. In einigen Gegenden kamen auch Gewehre zum Einsatz, mit denen in die Luft geschossen wurde. Je lauter desto besser, lautete das Prinzip. Mit dem Lärm sollten die Geister und Dämonen vom Brautpaar ferngehalten werden. Diese Zeitgenossen waren schon immer sehr empfindlich gegen Lärm. Zudem waren die Lärmmacher oft maskiert, was den Geistern noch mehr Kopfzerbrechen bereitete...
Auch mit dem Singen von Liedern, so dachte man damals, sollte dieser Effekt erzielt werden. Wenn man diverse Fernsehsendungen mitverfolgt, etwa diese, in der ein Land einen Superstar sucht, bekommt man eine Ahnung davon, wie abschreckend Musik sein kann...

Der Stoff zum Glück...

Zum Polterabend gehört natürlich auch das Zerschlagen von Porzellan. Das sorgt nicht nur für Lärm: Scherben bringen Glück, sagt man ja bekanntlich. Das ist aber nur die halbe Wahrheit, denn Scherben sind nicht gleich Scherben. Sie sollten sich hüten, Glas zu zerschmeißen, denn damit würden Sie nur das Gegenteil bewirken. Glas ist nämlich bereits ein Symbol für Glück und zerstörtes Glas bedeutet somit nichts anderes als zerstörtes Glück. Auch Spiegel sollten nicht zerschlagen werden, es sei denn man pfeift auf die kommenden sieben Jahre, die in diesem Fall mit Pech behaftet wären...Ton und Keramik muss also her.

Rot werden verboten!

Das dachte sich wohl auch so mancher Bräutigam der den folgenden Brauch am Polterabend kannte: Bei diesem süddeutschen Brauch erschien während der Feier plötzlich und unvermittelt ein junges Mädchen, welches dem Bräutigam die Nachbildung eines Wickelkindes vor die Füße schmiss. Dieser musste nun einen kühlen Kopf bewahren, denn wenn er beim Anblick der Puppe errötete, war das ein Zeichen dafür, dass er etwas zu verheimlichen hätte, zum Beispiel eine heimliche Liebe…

Braut oder Kopie?

Diese Frage muss der Bräutigam nach einem alten Brauch am Polterabend beantworten. Bei diesem Brauch, er stammt übrigens aus Bayern, wird der Bräutigam von einer Frau umgarnt, die von sich behauptet, die „wahre" Braut zu sein. Das muss der Bräutigam natürlich klarstellen, indem er Gegenargumente vorlegt. Ein witziger Brauch, der noch witziger wird, wenn es sich bei der Braut-Kopie um einen Mann handelt.

Wann wird gefeiert?

Damals fand der Polterabend in der Regel am Vortag der Hochzeit statt. Auch heute noch wird dieser Tag zum Feiern gewählt, auch wenn viele Paare sich mittlerweile für einen anderen Zeitpunkt entscheiden. Mit gutem Grund. Man stelle sich das Hochzeitsfoto des Brautpaares an ihrem großen Tage vor, bei dem einige Details für besondere Aufmerksamkeit sorgen würde, beispielsweise die dunklen, durch Müdigkeit und Schlafmangel hervor gezauberten Augenringe. Viele Menschen unterschätzen, dass der Hochzeitstag, so schön er auch ist, mitunter sehr anstrengend sein kann. Daher findet der Polterabend heutzutage oftmals einige Tage oder sogar Wochen vor dem Hochzeitstag statt.

Kulinarisches

Ein Polterabend sollte unkompliziert ablaufen und das gilt auch für das Angebot der Speisen und Getränke an diesem Tag. Es muss also kein 7-Gänge-Menü geplant werden, meist gibt es einfache Speisen oder auch ein kaltes Buffet. Manchmal bringen die Gäste auch selbst etwas mit. Das traditionelle Gericht für den Polterabend ist ohne Zweifel die Hühnersuppe. Hühner sind ein Symbol für Fruchtbarkeit und in damaligen Zeiten wurden den Heiratenden am Polterabend Hühner geschenkt. Daher kommt auch der Begriff Hühnerabend, wie der Polterabend in einigen Gegenden bezeichnet wurde und manchmal auch noch bezeichnet wird.

Jetzt wird aufgeräumt...

Was dem zukünftigen Ehepaar Glück bringen und den Zusammenhalt der Partner symbolisieren soll, ist das gemeinsame Wegkehren der Porzellan-Scherben nach dem „großen Lärm". Im Norden Deutschlands war und ist es teilweise Brauch, dass der Bräutigam sich alleine um das Entfernen der Scherben kümmert. Wie am Polterabend wird er auch in der Ehe die Verantwortung übernehmen. Ein schöner Brauch in diesem Zusammenhang ist dieser: Dem zukünftigen Ehepaar werden zum Ende der Feierlichkeiten zwei schön geschmückte Besen überreicht. Eine Idee wäre auch, kleine Briefumschläge an die Besen zu binden, in denen sich die Wünsche der Gäste für die Zukunft des Ehepaares befinden.

Keine Fluchtmöglichkeit

Aus Norddeutschland stammt ein Brauch, welcher die Braut davon abhalten sollte, es sich am Polterabend doch noch mal anders zu überlegen und vor dem zukünftigen
Ehemann zu flüchten. Dazu wurden die Schuhe der Braut an der Wand festgenagelt. In Zeiten der Gleichberechtigung muss natürlich auch der Bräutigam daran gehindert werden, noch in letzter Sekunde „das Weite" zu suchen. Dazu verbrannte man seine Hose

und vergrub die Asche im Garten, zusammen mit einer Flasche Schnaps. Der Schnaps wurde traditionell nach einem Jahr wieder ausgegraben und vom Ehemann und seinen Freunden getrunken.

Abschied unter Fackeln

Ein sehr schöner, romantischer Brauch ist auch der Folgende: Zum Ende des Polterabends begeben sich alle Gäste nach draußen vor die Haustür und warten auf das Hochzeitspaar, welches sich noch im Haus befindet. Die zukünftigen Ehepartner erleben einen wunderschönen Polterabend-Abschied, wenn sie vor die Tür treten und sich in einem Meer von Lichtern befinden, da die Gäste Fackeln, Laternen und Wunderkerzen in die Höhe halten. Gänsehautgarantie!

„Der Müllwagen"
Eine Kurzgeschichte…

Ich stelle den Besen zur Seite und betrachte meine Frau. Sie lächelt müde, auf ihrem Besen gestützt und betrachtet den Scherbenhaufen rechts von ihr. „Geschafft", sagt sie erleichtert. Nie war das Fegen anstrengender gewesen, denke ich mir. Ich bin nassgeschwitzt. Ich bin enttäuscht. Dabei müsste ich glücklich sein. Die Frau meines Lebens steht vor mir. Nein, ich bin enttäuscht von meinen Eltern, die sich noch immer im Ausland befinden und uns anscheinend vergessen haben. Einige Sekunden stehen wir nur da. Schauen uns an. Auch sie sieht ein wenig traurig aus, aber ich schiebe es auf die Erschöpfung.

Ein Müllwagen biegt um die Ecke und kommt etwa zehn Meter vor uns zum Stehen. Ich wende den Blick von meiner Frau ab und beobachte, wie der Müllwagen kurz nach rechts fährt, dann rückwärts auf uns zu kommt und in einigen Metern Entfernung stehen bleibt. Einige Momente passiert nichts. Dann hebt sich der Laderaum des Gefährts. Ich blicke auf den soeben zusammengekehrten Scherbenhaufen, dann schnell hinüber zu meiner Frau. Der Laderaum hebt sich langsam weiter. Ich ahne Schreckliches und nehme meinen Besen zur Hand. Meine Frau scheint meine Gedanken lesen zu können. Sie starrt mich an und legt ihr Gesicht in ihre Hände. Das Porzellan einer ganzen Stadt wird sich gleich vor meinen Füßen befinden, denke ich mir. Ich verfluche meinen Trauzeugen, der sich das mit höchster Wahrscheinlichkeit ausgedacht hatte. Ich erwarte bereits das Geräusch auf den Boden fallender Porzellanteller, dessen Beseitigung wohl die Aufgabe für die kommenden Stunden sein wird. Doch was ist das? Der Lärm bleibt aus, obwohl der Laderaum sich beinahe in senkrechtem Zustand befindet. Es kommt kein Porzellan. Nichts passiert. Völlige Stille. Dann ein leises Klimpern, kaum hörbar. Jetzt sehe ich es. Ein Centstück, das kaum hörbar auf den Boden fällt, gefolgt von einem kleinen, weißen Ballon, der an einer langen Schnur befestigt ist. Verdutzt und mit großen Augen blicke ich in einer schnellen Bewegung zu meiner Frau hinüber, die mit offenem Mund den Luftballon betrachtet. Ich bewege mich auf den Luftballon zu und als ich näher komme erkenne ich, was auf dem Luftballon geschrieben steht:

„Alles Glück dieser Welt, gebündelt in nur einem einzigen Cent, der euch für immer begleiten soll…Wir drücken euch! Mama und Papa."

Ich hebe das Centstück langsam auf. Die Stille wird von einem Klatschen unterbrochen, das von oben kommt. Onkel Gustav, der mir zuzwinkert. Nun steigen auch die restlichen Gäste , die oben am Fenster meiner Wohnung stehen und das Schauspiel beobachtet haben, mit ein. Ich spüre die Hand meiner Frau, die mich fest drückt. Ich kann eine Träne nicht unterdrücken, aber ich lächele…

Weitere Bräuche vor der Hochzeit

Der Junggesell(inn)enabschied

Diesen Brauch kennen die meisten, er ist bekannt aus den USA und aus Großbritannien, stammt aber ursprünglich aus Griechenland. *Enterrer la vie de garçon*, was übersetzt soviel bedeutet wie die Beerdigung des Junggesellenlebens. Beim Junggesell(inn)enabschied feiern die Brautleute noch ein letztes Mal ausgelassen ihr Dasein als Unverheiratete. Es soll ja Menschen geben, die sich an diesen Tag so wehmütig zurückerinnern, dass die eigentliche Hochzeit in den Schatten gerät und sich am Ende gar als Fehler herausstellt. Wir sind jedoch Optimisten (ich zumindest) und darum ist der Junggesell(inn)enabschied keine Trauerfeier, sondern der Tag der Einsicht: Man hat den Partner für's Leben gefunden und lässt sich dieses in Kürze besiegeln! Na, wenn das mal kein Grund zum Feiern ist, oder?

Trotzdem, bei aller Ausgelassenheit herrscht beim Feiern an diesem Tag die altmodische Form der Geschlechtertrennung: der Bräutigam zieht mit seinen Freunden durch den Ort, während der Braut ihre Freundinnen zur Seite stehen. Wichtig ist, dass sich die beiden Gruppen nicht unterwegs begegnen. Das würde Unglück für die Zukunft bedeuten.

Da wir das Jahr 2009 schreiben (zumindest bei der Veröffentlichung des vorliegenden Buches), herrscht zwischen beiden Partnern, Mann und Frau, Gleichberechtigung. Die Frauen haben demnach die gleichen Freiheiten wie der Mann auch:

Was spricht also beim Junggesellinenabschied gegen einen Stripper?
Nichts.
Was spricht gegen einen Casinobesuch?
Nichts.
Was spricht gegen einen spontanen Flughafenbesuch?
Der Zukünftige, denn an diesem Ort sollte sich das Paar gemeinsam aufhalten, nämlich wenn es in die Flitterwochen geht...

Der Junggesellenabschied wird in der Regel vom Trauzeugen des Bräutigams organisiert. Dieser sorgt auch dafür, dass der Abend nicht ausartet. Klingt bekannt:

Alkohol + Mann / Frau = Unberechenbarkeit

Gut, diese Formel gilt zumindest ab einer bestimmten Menge... Klassisch ist mittlerweile der ultimative Härtetest für den Mann: Ein Koffer voller Geld und ein Autohaus! Nein, tatsächlich handelt es sich um die Striptease-Tänzerin, die alles daran setzt, den Junggesellen noch ein letztes Mal in Versuchung zu führen. Dies wird natürlich nicht passieren, denn sonst wäre es kein Junggesellenabschied, sondern der Tag, an dem eine Hochzeit verhindert wurde.

Doch wann feiert man nun den Junggesellenabschied? Dem Feiern am Vorabend der Hochzeit ist eher abzuraten. Es geht an diesem Abend wie bereits erwähnt um ausgelassenes Feiern und nicht darum, dass man Zuhause sein soll, wenn draußen die Laternen angehen. Es könnte also an einem solch ausgelassenen Abend später werden als gedacht und wir stellen die eben aufgestellte Formel nochmals um:

Alkohol + Mann / Frau + Spaß = Verlust des Zeitgefühls

Es empfiehlt sich also, den Junggesell(inn)enabschied um mindestens ein Wochenende zurückzuversetzen.

Hennenrennen

Oftmals fällt im Zusammenhang mit dem Junggesellinenabschied auch das Wort *Hennenrennen*. Dieser Brauch wird gewöhnlich von den Freundinnen der zukünftigen Braut organisiert, was bedeutet, dass sich die Braut auf allerlei Überraschungen freuen darf. Oder sollte man sagen *muss*? Es geht grob gesagt um die Finanzierung der Feier. Um die „Finanzkrise" (übrigens ein sehr oft genanntes Wort bei der Planung der Hochzeit) zu bewältigen, muss die Braut verschiedene Aufgaben ausführen und damit die Kasse aufbessern. Oft wird die Braut dazu verkleidet und muss so, gemeinsam mit ihren Freundinnen durch den Heimatort ziehen. Bei der Wahl der Verkleidung ist alles möglich.

Die Braut könnte zum Beispiel als Parkuhr verkleidet durch die Bars der Stadt ziehen und bei den an der Bar sitzenden Gästen die Sitzmiete abkassieren.

Denkbar wäre auch das Verkleiden als Ärztin, die gegen eine kleine Spende die Psyche der Gäste untersucht und anschließend einen Bestätigungsschein ausgibt, dass die Psyche des Gastes zwar angegriffen, aber dennoch einigermaßen in Takt ist...

Apropos Takt: Wie wäre es, wenn sich die angehende Braut als Musicbox verkleiden würde? Sie hätte dann die Aufgabe ein Lied nach Wahl zu singen. Allerdings nach Wahl der edlen Person, die für diese Dienstleistung zahlt...

Über Sinn- und Sinnlosigkeit lässt sich streiten, aber darum geht es doch gar nicht. Sie werden für Lacher sorgen und vor allem eines: Viel Spaß haben.

Es geht jedoch auch anders: Manchmal wird der zukünftigen Braut auch ein Bauchladen umgeschnallt, der mit Waren gefüllt ist, die möglichst gewinnbringend an den Mann gebracht werden müssen. Gar nicht so einfach, wenn sich im Angebot Produkte befinden, die für das weibliche Geschlecht bestimmt sind. Hier ist also Überzeugungstalent gefragt.

Bridal Shower

Dieser, aus den USA stammende Brauch, ist bei uns noch relativ neu. Noch etwas, die Männer können dieses Kapitel bedenkenlos überspringen, sie sind beim Bridal Shower eh ausgeschlossen...

Es handelt sich dabei um einen reinen Frauenabend unter Freundinnen und weiblichen Verwandten der Braut. Diese „Veranstaltung" findet meist lange Zeit vor dem Hochzeitstag statt. Es werden in einer gemeinsamen Runde die Geschenke für den zukünftigen Haushalt des Hochzeitspaares überreicht. Diese Beschenkung steht in Verbindung mit der Aussteuer, die damals, wie wir ja bereits erfahren haben, eine sehr große Rolle beim Heiraten gespielt hatte. Schließlich war es vielen Paaren gar nicht möglich zu heiraten, da oftmals keine Mittel für die Aussteuer vorhanden waren und die Grundversorgung damit ausgeschlossen war.

Um diesen Zustand zu ändern, griffen die Freundinnen der Braut ein, sorgten selbst für die Aussteuer und ermöglichten damit die Hochzeit ihrer Freundin.

Henna-Nacht

Dieser Brauch findet in der Nacht vor der Hochzeit statt und es gilt in erster Linie wieder einmal, das Brautpaar vor dem Bösen zu schützen. Die Nacht vor dem Hochzeitstag stellte seit je her ein besonderes Risiko für die Braut dar. In diesem Zeitraum waren die Geister nämlich besonders „aktiv".

Große Sorgen brauchten sich die Geister allerdings nicht machen, sie hatten ja schließlich immer noch die Chance, unter der Türschwelle des gemeinsamen Heims des Hochzeitspaars auf die Braut zu warten und zu überwältigen. Dazu später mehr....

Viele kennen die Henna-Tattoos hierzulande noch aus der Zeit, es ist schon ein paar Jahre her, als sie total trendy und ein absolutes Muss waren, wenn man up-to-date sein wollte. Diese Modewelle ist mittlerweile wohl eher abgeklungen. Zumindest hier bei uns. Anderswo ist es Tradition, sich mit Henna-Farben bemalen zu lassen und die Henna-Nacht findet man noch heute in vielen Ländern, besonders in orientalischen Ländern wie der Türkei. Dort trägt die Braut traditionell einen roten Schleier. „Warum *rot*?", fragen sich jetzt wohl viele. Das zu beantworten ist nicht ganz einfach, denn die Farbe lässt viel Spielraum für Interpretationen. Rot ist nicht nur die Farbe der Liebe, sondern auch die Farbe des Feuers, der Fruchtbarkeit, des Blutes, der Lebendigkeit und der Jugend.

Bei der Henna-Nacht werden die gesamte Familie und die Freunde eingeladen. In einer feierlichen Zeremonie werden die Hände der Braut aufwändig mit der roten Farbe des Henna-Strauches bemalt. Die roten Hände der Braut sollen dafür sorgen, die bösen Geister zu verunsichern und auf Abstand zu halten. Jaja, die bösen Dinger waren halt alle sehr leicht zu beinflussen...

Braut aufwecken

Wieder einmal sind es die bösen Geister, die bei der Braut für Schlafmangel sorgen. Stellen Sie sich vor, Sie würden träumen. Sie liegen am Strand, genießen die Ruhe. Das Rauschen des Meeres. Diese Freiheit, diese...Plötzlich Lärm! Schüsse, Geschrei, Krach und...ein Blasorchester. Kann man einen Tag schöner beginnen? Kann man, aber nicht am Tag der Hochzeit, zumindest in einigen Gegenden. Den Brauch des Brautaufweckens findet man auch heute noch, zumeist in ländlichen Gegenden. Die Braut verbringt ihre letzte Nacht als ledige Frau und da können auch die Geister nicht weit sein. Diese sollen vom Lärm vertrieben werden. Welche Gestalten dabei jedoch nicht vertieben, sondern geradezu angezogen werden, sind die Nachbarn der Braut, die sich in diesem Augenblick nicht selten in Dämonen verwandeln. Hier ist also ein wenig Feingefühl angesagt, allerdings von den Krawallmachern UND von den Nachbarn...

Das Brautbad

Dieser Brauch war in damaligen Zeiten am Morgen der Hochzeit Tradition. Die Frau sollte „rein" in den Stand der Ehe eintreten, innerlich und äußerlich. Die Braut badete an besagtem Tag in einem Holzbottich mit frischem Quellwasser und wurde dabei von ihren Freundinnen bewacht. Oft fand die Reinigung auch einfach im naheliegenden Fluss statt.

Gebekörbe

Dieser alte Brauch ist bekannt aus dem Sauerland: Dort erhielt das Hochzeitspaar bereits mehrere Tage vor der Hochzeit die so genannten Gebekörbe, in denen sich diverse Lebensmittel befanden, die später das Hochzeitsmahl bereichern sollten. Dafür hatte das Hochzeitspaar allerdings etwas zu leisten. Es mussten diverse Aufgaben erfüllt werden, die von den edlen Spendern gestellt wurden. Langweilig wurde dem Hochzeitspaar vor der Hochzeit also keineswegs…

Häckselstreuen

Diesen Brauch findet man heute, wenn überhaupt, fast nur noch in ländlichen Gegenden. Die Angehörigen und Freunde reisen dabei von der Anschrift der zukünftigen Braut zum Wohnort des zukünftigen Bräutigams. Der Weg zwischen diesen beiden Orten wird mit Stroh (Häcksel) markiert, um symbolisch eine Verbindung zwischen den kommenden Ehepartnern darzustellen. Es wird allerdings nicht nur diese Wegstrecke markiert. Das wäre ja auch langweilig… Hinzu kommen noch sämtliche Wohnorte der Ex-Partner(-innen) des Paares. Diese Ex-Partner(-innen) wurden also ebenfalls auf der „Reise zum Bräutigam" besucht. Kam die Gesellschaft an einem dieser Standorte an, wurde Stroh verstreut und zwar so lange, bis der oder die Besuchte die Tür öffnete und zu Bier und Wein einlud. Oftmals wird die Tour natürlich mit den Ex-Partnern des Hochzeitspaares abgesprochen um sicherzustellen, dass auch jemand zuhause ist, wenn an der Tür geklopft wird.
Kommt die Gesellschaft dann letztendlich am Haus des Bräutigams an, wird das restliche Stroh verstreut bevor ausgiebig weiter gefeiert wird. Je nach Anzahl der Ex-Partner(-innen) und damit auch der Menge des Alkohols, die bereits geflossen ist, könnte es ein wenig schwierig werden, noch einen geregelten Ablauf der Feierlichkeiten herzustellen… Ganz unumstritten ist dieser Brauch nicht, weil zum einen die Straßen verschmutzt werden und zum anderen auch Unfallgefahr besteht, wenn etwa einer der Reisenden vom Strohwagen fällt (Stichwort: Alkohol…).

Brautopfer

Im alten Rom der Kaiserzeit nahm die Braut Abschied von ihrem alten Leben, dem Leben als Junggesellin. Dazu opferte sie den bösen Geistern alles, was irgendwie an diese Zeit erinnern könnte, also sämtliche Kleider, Spielwaren und andere Gegenstände. Sie ersetzte die Kinderkleider an diesem Tag mit dem Brautkleid, welches sie mit dem so genannten Herkulesknoten verschloss, der ebenfalls dafür sorgen sollte, die Geister abzuwehren.

Durch ihr Vorgehen legte sie demnach ihre Vergangenheit mit all ihren vielleicht begangenen Fehlern ab und trat sauber in ihren zweiten Lebensabschnitt.

Schräppeln und Kränzen

Der Begriff *Schräppeln* bedeutet eigentlich nichts anderes, als *zurechtmachen*. Beim Schräppeln werden Kränze, Girlanden und Ehrenbogen gebunden. Dieser Brauch findet seinen Ursprung in Bayern. Heute ist es jedoch vor allem in Norddeutschland oftmals noch üblich, einen Ehrenbogen an die Haustür des zukünftigen Hochzeitspaars zu hängen. Das Schräppeln findet normalerweise am Montag vor der Hochzeit statt. Freunde, Bekannte und Nachbarn des Brautpaars können an diesem Brauch teilnehmen. Ob das zukünftige Hochzeitspaar an der Aktion teilnehmen sollte ist nicht ganz klar, da es regional unterschiedlich gehandhabt wird. In einigen Gegenden darf das Hochzeitspaar nicht anwesend sein, während es anderswo beinahe zur Pflicht eines Brautpaares gehört, an diesem Brauch teilzunehmen. In Gegenden, wo dieses der Fall ist, schließt sich dem auch gleich ein weiterer Brauch an: Neben dem Brautpaar muss auch die beste Freundin der Braut, deren Patin und der Hochzeitslader vor Ort sein. Der Hochzeitslader überreicht der Braut ein Tischtuch, welches seinen Platz im zukünftigen Heim des Paares finden soll. Natürlich macht er das nicht, weil er so gerne näht und so ein netter Kerl ist, es geht wieder einmal darum, das Hochzeitspaar vor bösen Geistern zu schützen.

Am Ehrenbogen findet man in einigen Gegenden häufig weiße Papierrosen, während anderswo auf rote Papierrosen zurückgegriffen wird. Klar, rot ist die optimale Farbe zur Geisterabschreckung. In Norddeutschland verwendet man heute oftmals zusätzlich rote Taschentücher, die ebenfalls in den Kranz oder den Ehrenbogen eingeflochten werden. Ein weiterer wichtiger Bestandteil eines Hochzeitskranzes oder Ehrenbogens ist die Myrte. Die der Liebesgöttin Venus geweihte Myrte verspricht Gesundheit und Lebenskraft. Der Brauch des gemeinsamen Schräppelns hat mittlerweile leider nicht mehr die Bedeutung, die er einst innehatte. Heute übernehmen zahlreiche Dienstleister diese Aufgabe zu günstigen Konditionen.

Beim Kränzen darf das Brautpaar nicht anwesend sein. Hier werden die Girlanden und Kränze traditionell von Nachbarn und Bekannten des Hochzeitspaares gestaltet.

Der Tag der Hochzeit

Der richtige Zeitpunkt der Hochzeit?

Gibt es eigentlich den perfekten Zeitpunkt zum Heiraten? Einige behaupten dies, andere halten es für Humbug. Wir werden der Sache mal auf die Spur gehen...

An welchem Tag heiraten?

Viele Hochzeitspaare sind sich gar nicht bewusst darüber, was der große Tag, an dem geheiratet wird, für eine Bedeutung für die zukünftige Ehezeit haben könnte. Liegt die Scheidungsrate vielleicht deshalb so hoch? Wurde einfach falsch recherchiert? Keine Panik, wir klären das nun auf, es gibt nämlich große Unterschiede zwischen den Wochentagen, an denen geheiratet wird. Am Sonntag kann man ausschlafen, während man am Montag oftmals früh aufstehen muss, da (hurra) eine weitere Arbeitswoche begonnen hat. Gut, das ist nicht wirklich das, worum es in diesem Kapitel geht...Wie dem auch sei, vielleicht finden Sie sich, als bereits verheiratete Person, im folgenden Kapitel wieder. Oder auch nicht.

Bei uns in Europa tragen die Wochentage fast durchgehend Namen römischer Götter. Lassen Sie uns einfach anfangen mit dem...

Montag:
Der Montag steht im Zeichen des Mondes und wer an diesem Tag heiratet, hat zunächst, soviel kann man bereits jetzt behaupten, nicht allzu viel falsch gemacht. Es heißt nämlich, dass die Ehepartner, die an einem Montag geheiratet haben, sehr einfühlsam sind, sehr zufrieden miteinander leben und dass es äußerst selten zum

Streit kommt. In einigen Ländern außerhalb Europas steht der Montag auch für Geld und Handel. Der Montag ist also nicht lediglich der Beginn einer anstrengenden, arbeitsreichen Woche, sondern vielleicht auch der Beginn einer langen, harmonischen, und aus finanzieller Sicht, guten Ehe...

Dienstag:
Wer am Dienstag heiratet, kann mit einer leidenschaftlichen Ehe rechnen, bei der es jedoch ab und an mal „knallen" kann. Damit sind allerdings keine Sektkorken gemeint. Der Dienstag steht im Zeichen des Skorpions und des Widders. Außerdem hat Mars, der Kriegsgott, eine Verbindung mit diesem Tag. Das verspricht einiges an Streitpotenzial...

Mittwoch:
An diesem Tag hat Merkur seine Hände im Spiel, das bedeutet zunächst einmal nichts Negatives. Merkur, der Götterbote, war der „Fachmann" im Schlichten von Unstimmigkeiten. Diese wird es in der zukünftigen Ehezeit auch immer wieder geben, aber es werden sinnvolle Lösungen erarbeitet werden und das wird die Ehe auf Dauer nur stärken können.

Donnerstag:
Am Donnerstag treffen Schütze und Fische aufeinander. Das bedeutet Gutes für die anstehende Ehe, nämlich jede Menge Liebesglück und eine gehörige Portion Leidenschaft.

Freitag:
Der Freitag verdankt seinen Namen der germanischen Göttin Freia, der Liebes- und Segensgöttin, der der Freitag gewidmet wurde. Es sollte also nicht schaden, Frau Freia auf Ihrer Seite zu haben und wenn das nicht hilft, gibt es noch die „Bonus-Chance":
Der Freitag steht auch für das Element Erde und dieses wiederum symbolisiert den Kindersegen.

Samstag:
Erde, Wasser, Luft und Feuer, am Samstag kommt es zum Auflauf der Elemente. Das kann nur gut für die Ehe sein. Es treffen Gegensätze aufeinander, doch aus den einzelnen Elementen entsteht

Harmonie. Langeweile ist daher ausgeschlossen, doch trotz der Verschiedenheiten kommt es am Ende zu einer Einigung, die die Ehe vorantreibt.

Sonntag: Dieser Tag ist nicht bloß ein besonderer Tag, weil die Geschäfte an diesem Tag geschlossen haben. Er eignet sich auch hervorragend dazu, einfach mal „JA!" zu sagen, am besten gleich am Standesamt Ihrer Wahl...
Der Sonntag wird zum einen vom Element Feuer bestimmt, zum anderen Steht er unter dem Sternzeichen des Löwen. Eine feurige Kombination, die ebenso viel Feuer und Leidenschaft innerhalb der Ehe hervorbringen sollte!

Nun könnte man noch sämtliche Glücks- und Unglückstage des Jahres aufzählen, aber das würde hier wohl den Rahmen sprengen. Auch über die Uhrzeit der Trauung könnte man diskutieren.

In Thailand ist man, was die Uhrzeit angeht ganz genau: Dort wird der richtige Zeitpunkt genauestens, auf die Minute genau, von einem Astrologen berechnet. In China dagegen wird nicht zur vollen Stunde geheiratet, da sich der Minutenzeiger danach in der Abwärtsbewegung befindet...

In welchem Monat, bei welchem Wetter heiraten?

Was den besten Monat zum Heiraten angeht kann hier leider keine Pauschallösung angeboten werden. Leider. Hier sind wir uns weltweit uneinig. In Rom war Juni stets der „Heirats-Top-Monat. Kein Wunder, Juni, beziehungsweise Juno ist der Name der Liebesgöttin. Der Mai ist kein guter Monat zum Heiraten, denn das ist der Monat, in der alle Esel verliebt sind. Außerdem besteht dieser Spruch: „Zwischen Ostern und Pfingsten heiraten die Unseligen."

Auch das Wetter spielt eine große Rolle. Sonne ist immer toll und wird wohl auch der Ehe nicht schaden, bei Regen jedoch, gehen die Meinungen auseinander. Die einen berufen sich an einem verregneten Hochzeitstag auf das Sprichwort

"Soviel Regen, so viel Tränen."

Optimismus hört sich wohl anders an. Für andere ist der Regen ein Zeichen des Glücks:
*"Wenn es regnet am Altar,
bringt das Glück für viele Jahr."*

Regen ist zudem ein weiteres Symbol für Fruchtbarkeit. Was wäre das Feld ohne Regen? Was wäre der Brunnen ohne Wasser? Was wäre der Regenschirm, wenn es keinen Regen gäbe und vor allem: Warum frage ich solche Sachen? Weil alles oftmals nur halb so schlimm ist, wie es erscheint. Ist doch toll, wenn man aus einer Hochzeit, die wortwörtlich ins Wasser fällt, noch etwas Positives abgewinnen kann, oder? Machen wir also das Beste daraus, Sie haben schließlich gerade Ihren Traumpartner geheiratet, mit dem Sie (und jetzt erst recht) viele glückliche Stunden verbringen werden!

Mit welchem Alter sollte man heiraten?

Damals wurde das Heiratsalter mehr oder weniger, tschüss Romantik, an der finanziellen Situation der Partner bemessen. Im 19. Jahrhundert lag das durchschnittliche Heiratsalter, bei Paaren der Oberschicht wohlgemerkt, bei etwa 25 Jahren. Bei Paaren, die in ärmlicheren Verhältnissen lebten, kam es auch nicht selten vor, dass erst mit 50 Jahren geheiratet wurde, da die Finanzen gar keine andere Möglichkeit zuließen. Auch heute noch spielt der soziale Status des Mannes eine große Rolle, was das Heiratsalter angeht. Das Alter der Frauen ist bei Erst-Ehen in Relation zum Mann niedriger, je höher sich der finanzielle Status des Mannes darstellt. Das behaupten zumindest Statistiken. Und zahlreiche Bilder in diversen Klatsch- und Tratsch-Magazinen…

Das beste Alter für eine Hochzeit ist oft Gegenstand hitziger Diskussionen. Einige behaupten, man solle seine erste Liebe nicht heiraten, da noch zu wenige Erfahrungen gesammelt wurden und der Entwicklungsprozess noch nicht abgeschlossen sei. Mal ehrlich, wann ist denn der Entwicklungsprozess abgeschlossen? Wir entwickeln uns ständig weiter, lernen aus Erfahrungen, aus Fehlern, ein Leben lang.

Dr. Karl Weißbrodt, der im Jahr 1879 sein Buch *Die eheliche Pflicht* veröffentlichte, hatte zum Thema Heiratsalter und „Beschaffenheit des Mannes" seine eigene Meinung. An einer Stelle spricht er auch das Vorleben des potenziellen Ehemannes an:

„Solche, die in früher Jugend Onanie [Selbstbefleckung] getrieben oder sonst sehr früh geschlechtlichen Ausschweifungen sich hingegeben haben, auch solche, die ein allzu durstiges Studentenleben geführt und sich infolgedessen Blutverderbnis [frühzeitige Fettbildung], chronischen Magenkatarrh, Leberbeschwerden usw. zugezogen haben, sollen das Heiraten jedenfalls bis nach zurückgelegtem 30. Lebensjahre verschieben und auch dann nur unter der Voraussetzung in die Ehe treten, daß ihre Gesundheit sich wieder vollkommen befestigt hat."

Ein Romantiker war Dr. Karl Weißbrodt wohl eher nicht. Einer, der sich nicht vom Heiratsalter beeinflussen lässt und eine zugegebenermaßen einleuchtende Antwort auf die Frage des Heiratsalters liefert, ist der Autor H. Jackson Brown. Er hat folgende Auffassung:

„Heirate die richtige Person. Diese eine Entscheidung wird über 90 Prozent Deines Glücks oder Unglücks bestimmen."

Hochzeitsmode

Wir Männer haben es nicht leicht... Zumindest, wenn es um die Hochzeitskleidung geht. Da spielen wir nämlich nur die zweite Geige. Im Mittelpunkt steht die Braut. Gut, irgendwie verständlich, wenn dort ein weibliches Wesen in einem „Traum in weiß" steht, fallen wir Männer in unserem unspektakulären Anzug wohl eher sekundär auf. Zumindest für das Auge. Anders herum: Haben wir es nicht gerade deswegen leichter als die Braut, die vor einer unüberschaubaren Auswahl an Kleidungsstilen und Variationsmöglichkeiten steht? Genau, und deshalb:
Wir Männer haben es soooo leicht!

Da es an dieser Stelle jedoch nicht um die Gegenüberstellung des männlichen und des weiblichen Geschlechts geht, wenden wir uns wieder dem eigentlichen Thema zu und werfen zunächst einen Blick zurück auf die...

Geschichte des Brautkleids

Das erste, wirklich „echte" Brautkleid stammt wohl aus Frankreich und feierte dort im Jahre 1813 seine Premiere im Journal des Dames. Der Erfolg des *weißen* Brautkleids hängt auch mit Elisabeth von Bayern zusammen. Sie wurde 1854 ausgezeichnet, als schönste Braut des Jahrhunderts. Sie trug ein weißes Seidenkleid mit einem langen Spitzenschleier. Der endgültige Durchbruch für das weiße Brautkleid! Wer mit dem Namen Elisabeth von Bayern nicht soviel anfangen kann, könnte eventuell beim nächsten Stadtbummel die Videothek aufsuchen. Elisabeth erlangte mit dem folgenden Namen „filmische" Berühmtheit: *Sissi*...

Dieses schließt jedoch nicht aus, dass auch davor schon Hochzeitskleidung getragen wurde. Es ging viel mehr darum, sich festlich zu kleiden und der Welt zu zeigen, dass es sich um einen großen, wichtigen Tag im Leben der Braut handelte. In ärmeren Gegenden wurden häufig Festgewänder getragen, die mit Blumen und Schmuck aufgewertet wurden.

Auch die Farbe weiß, die symbolisch für Jungfräulichkeit, Unberührtheit, Reinheit und Unschuld steht, entwickelte sich erst nach und nach zum „Brautkleid-Standard". Unter den gut Betuchten waren davor auch die Farben Rot, Blau und Grün sehr beliebt.

Wenn wir jetzt mal richtig weit in der Zeit zurückgehen, einigen wir uns mal auf 2000 Jahre, treffen wir beim Thema Brautkleid auch auf die Farbe Gelb. Diese Farbe zierte das Hochzeitsgewand der Braut im alten Rom. Das Wort „Hochzeitsgewand wählte ich bewusst, denn von einem „richtigen" Brautkleid war man noch weit entfernt. Die Braut trug eine Tunika und darüber ein gelbes Gewand. Auch die Sandalen und der Brautschleier waren gelb. Die Tunika wurde dabei von einem Holzgürtel mit doppeltem Knoten gehalten. Dieser Knoten, so war es der Brauch, wurde nach der Hochzeitsfeier vom Bräutigam gelöst und…der Rest fand unter Ausschluss der Öffentlichkeit statt.

Foto aus dem Jahr 1985. Ein Hochzeitskleid aus dem Eichsfelder Bekleidungswerkes Ellrich (ehemalige DDR) wird begutachtet und, wie man deutlich sieht, …für gut befunden.

Gütler Joseph Eimannsberger und Bauerstochter Maria Greipl
11. Oktober 1903

Wenn wir über die Farben des Hochzeitskleides reden, müssen wir auch in Erinnerung rufen, dass es Zeiten gab, in denen es für viele Bürger schlichtweg unmöglich war, speziell für die Hochzeit ein Kleid zu bestellen oder selbst zu nähen. Im Mittelalter waren Kleider in vielen Gegenden nicht bloß ein schmückendes Beiwerk zur Aufwertung der Frau. Es handelte sich bei der Kleidung um kostbares Gut. Da hieß es praktisch zu denken und zu improvisieren. Die Farbe weiß war in diesem Zusammenhang weniger geeignet. Es gab schließlich noch keine Waschmaschinen und damit auch keine „Ultra-Perlen"… Ein verdrecktes weißes Kleid war schlecht zu reinigen. Deshalb wurden oft dunkle Farben bevorzugt, die es der Braut ermöglichten, das Kleid auch nach dem Hochzeitstag noch tragen zu können. Manchmal wurde das Brautkleid auch von einer Generation an die nächste weitergegeben.

In einigen Gebieten wurden schwarze Hochzeitskleider jedoch nicht aufgrund ihrer Weiterverwendungsmöglichkeit nach der Hochzeit getragen. Die Farbe Schwarz sollte verdeutlichen, dass Glück, bei aller Freude am Hochzeitstag, vergänglich ist und man sich dessen auch bewusst sein sollte. Mit der Farbe sollte der Zusammenhang zwischen Leben und Tod dargestellt werden. Für viele Bräute stellte das Hochzeitskleid, so makaber dieses auch klingen mag, das Totengewand dar, welches sie bei Ihrer Beerdigung trug.

Beim Adel galten freilich andere „Modegesetze". Die Kleider wurden speziell für den Hochzeitstag angefertigt, bestanden aus edelsten Stoffen und waren mit viel Spitze versehen. Die aufwendig gestalteten Kleidungsstücke wurden häufig noch mit verschiedenen Edelsteinen aufgewertet. Im 16. Jahrhundert gab es auch einen Brauch, der es dem Bräutigam erlaubte, ein Brautkleid für seine Zukünftige auszuwählen. Er konnte dabei zwischen mehreren Modellen wählen, die extra für den großen Tag zur Verfügung gestellt wurden. Ein für nicht so wohlhabende Menschen unmögliches Vorgehen.

In Indonesien fanden auch Hochzeiten statt, an denen sich die Braut mehrmals am Tag umzog und in ein anderes Gewand schlüpfte. Das tat sie nicht, weil sie vor Aufregung so geschwitzt hatte oder vor ihren Freundinnen angeben wollte, sondern weil das

Wechseln der Kleider den Wandel der Heiratenden symbolisieren sollte, die an diesem Tag gemeinsam einen neuen Lebensabschnitt begannen.

In China dominierte während der Kaiserzeit die Farbe Rot die Brautmode. Die Braut stand an ihrem Hochzeitstag, aufgrund ihres roten Hochzeitskleides über der „Norm-Gesellschaft", denn der Kaiser trug ebenfalls rot. Durch die Kleidung der Braut wurde verdeutlicht, dass es sich um einen sehr wichtigen Tag handelte und eine der beiden Hauptpersonen, nämlich die Braut, auch eine sehr wichtige Person war. Zumindest an diesem einen großen Tag.

Selber nähen? Bloß nicht!

Sehr geehrte Braut, ich möchte Ihnen eine Frage stellen: Nähen Sie gerne? Lassen Sie´s! Zumindest wenn es darum geht, ein Hochzeitskleid zu nähen. Das bringt nämlich Unglück wenn man dem folgenden Sprichwort Glauben schenkt:
„*So viele Stiche, so viele Tränen.*"
Andererseits könnten Sie die Schneiderin, die mit dem Nähen Ihres Hochzeitskleides beauftragt wird glücklich machen. Es wird behauptet, dass die Schneiderin, die das Privileg des ersten Stiches am Brautkleid hat, innerhalb eines Jahres ebenfalls heiraten wird. Ob das der Grund ist, dass auf Single-Parties kaum Schneiderinnen angetroffen werden?
Wie dem auch sei, in den meisten Fällen kommt weder die erste, noch die zweite Variante in Frage, da das Brautkleid heutzutage „aus der Box" gekauft wird.

Singen? Nicht jetzt!

Ein weiterer Glaube, der bei der Herstellung des Brautkleids eine Rolle spielt besagt, dass Lärm bei der Herstellung des Kleides unbedingt vermieden werden sollte. Klar, ob singen nun Lärm ist, entscheiden wohl Ihre Gesangsfähigkeiten. Herr Bohlen sollte das nicht

tun und auch Herr Ötzi sollte das lieber lassen, da sich jedoch in naher Zukunft wohl keiner von beiden an eine Nähmaschine setzen wird, um ein Hochzeitskleid zu nähen, besteht hier zunächst keine Gefahr, dass böse Geister geweckt werden...
Der Brauch sagt nämlich, dass es beim Nähen des Hochzeitskleides still sein müsse, damit die bösen Geister (da sind sie ja wieder) nichts davon erfahren, dass eine Hochzeit ansteht.
Wenn Sie also schon gegen den vorher genannten Brauch verstoßen und selber nähen, dann tun Sie dieses, aber bitte: Leise...

Darf ich mal sehen? Nein!

„Darf Euer Bräutigam euch vor der Hochzeit im Brautkleid sehen? Also meiner NICHT!! Bin normal nicht abergläubisch, aber in der Hinsicht geh ich lieber auf Nummer sicher..."
Kristina81

(diggis-hochzeitsforum.de)

Der Aberglaube verbietet dem Bräutigam das Brautkleid seiner Zukünftigen bereits vor der Hochzeit zu sehen. Das würde Unglück bringen!
Ein anderer Glaube untersagt es der Braut, sich am Hochzeitstag im Spiegel zu betrachten, bevor sie die komplette Hochzeitskleidung angelegt hatte. Auch das würde Unglück bringen.

Brautkranz und Brautkrone

Seit dem 18. Jahrhundert wurde der Brautkranz zunehmend beliebter. Auch heute verzichten viele Bräute auf den Schleier und entscheiden sich stattdessen für einen Brautkranz. Dieser stand symbolisch für die Reinheit und war ein weiteres Accessoire, um die Geister und Dämonen auf Abstand zu halten. Der Kranz darf heute aus „echten" und auch aus Stoffblumen bestehen und bietet unzählige Variationsmöglichkeiten, wenn man einmal die Blumensprache (diese finden sie im Anhang dieses Buches) näher betrachtet.

Vor dem 18. Jahrhundert trug die Braut an ihrem großen Tag auch häufig eine Brautkrone als Kopfschmuck. Ein „Standard-Modell" gab es dabei natürlich nicht. Auf dem Lande oder in ärmeren Gegenden musste auf ein anderes Material zurückgegriffen werden, als beim vermögenden Volk, wo die Kronen teilweise aus Gold bestanden und mit Edelsteinen besetzt waren. Auf dem Lande wurde hingegen eher auf Blumenschmuck und diverse Früchte zurückgegriffen. Wer finanziell nicht in der Lage war, sich eine Brautkrone leisten zu können, konnte sich diese auch ausleihen. Das war mitunter normal und wurde oft auch so gehandhabt. Wenn es unter Freunden oder Bekannten niemanden gab, bei dem man sich den

„*Die Brautschmückung*" aus dem Jahr 1888

Kopfschmuck leihen konnte, gaben die Kirchen teilweise noch die Möglichkeit dazu. In einigen Gegenden konnte man sich auch im Rathaus eine Brautkrone ausleihen.

In Norwegen wurde mit der Brautkrone versucht, die Geister abzuwehren. Dazu wurde sie folgendermaßen gestaltet: An der Krone wurden ringsherum kleine Silber- oder Goldfiguren angebracht, in dessen Gesichtern sich große, weit aufgerissene Augen befanden, die in alle Richtungen blickten, um nach Geistern Ausschau zu halten. Diese hielten sich von den Angst einflößenden Augen entfernt...

Der Brautschleier

Wenn es um die Bedeutung des Brautschleiers geht ist es gar nicht so einfach, sich festzulegen. In Bezug auf den christlichen Glauben symbolisiert der Brautschleier die Jungfräulichkeit der Braut. Daher war es vor langer Zeit schwangeren Frauen gar nicht gestattet mit einem Brautschleier vor den Traualtar zu treten.

Eine weitere Bedeutung des Schleiers finden wir, wenn wir an den Brauch der Brautentführung denken, auf den wir später noch zu sprechen kommen. Wenn die Braut aus ihrem Elternhaus entführt wurde, verhüllte man sie oftmals.

Auch beim Thema Brautschleier, dürfen sie natürlich nicht fehlen: Die bösen Geister. Zum Schutz vor diesen verhüllte die Braut ihr Gesicht, die Geister hatten nämlich die Fähigkeit, durch Nase und Ohren in die Braut einzudringen.

Außerdem sollte der Brautschleier die Braut vor öffentlichen Blicken, auch derer des Bräutigams, schützen. Zumindest bis zum Brautkuss...

Eine weitere Erklärung zum Tragen eines Brautschleiers: Die Hochzeit hatte auch immer etwas mit Abschied zu tun. Dem Abschied aus einem Lebensabschnitt. Um die Gefühle der Braut bei diesem Abschied zu verbergen, wurde das Gesicht verdeckt.
Diesen Brauch finden wir auch heute noch in der Türkei beim traditionellen Henna-Abend, wo die Frau meist einen roten Schleier trägt, der ihr Gesicht verhüllt und die Tränen des Abschieds verbirgt.

Die Handschuhe

Gerade im Mittelalter hatten die Brauthandschuhe eine sehr große Bedeutung. Wenn ein Mann den Handschuh einer Frau erhielt, galt das als Auszeichnung und es war ein Zeichen der Zuneigung. Dieses Zeichen wurde von den Männern auch öffentlich und voller Stolz präsentiert. Bei Hochzeiten wurden teilweise auch die Handschuhe beider Ehepartner getauscht, ein Symbol gegenseitiger Liebe. Manchmal gab es zudem Gebäck in Form eines Handschuhs, was die Bedeutung dieses Kleidungsstücks weiter verdeutlicht.

Von Brautschuhen und Kleingeld

Lange, lange ist es her, da wurden die Brautschuhe noch mit Pfennigstücken abgezahlt, welche die Braut bereits Jahre vorher angespart hatte. Die Sparsamkeit der Braut sollte damit symbolisiert werden. Heutzutage ist es ein wenig schwieriger geworden. Früher waren Brautschuhe bereits unter 20 Mark erhältlich, heute muss schon tiefer in die (möglichst große) Tasche gegriffen werden. Es könnte also passieren, dass Sie, wenn Sie diesen alten Brauch wieder aufleben lassen möchten und Ihre Brautschuhe mit Kleingeld finanzieren möchten, auf eine wenig begeisterte Verkäuferin treffen könnten. Vielleicht wäre aber genau das der richtige Zeitpunkt, um nach einen Rabatt zu fragen, schließlich muss so weniger gezählt werden…

Der Cent im Brautschuh

Wer schlägt dieses Angebot schon gerne aus:
Ein vorübergehend wunder Fuß gegen finanzielle Sicherheit? Diese sollte mit dem folgenden, alten Brauch gewährleistet werden. Kosten der Nutzung dieses Brauches: 1 Cent. Diesen soll die Braut während der Hochzeitsfeier in ihrem rechten Schuh tragen.

Die Schuhdiebe

In vielen Gegenden gab es folgenden Brauch, in dem es darum ging, der Braut einen wichtigen Gegenstand zu stehlen. Den Brautschuh. Für die Umsetzung waren die Männer aus dem Bekanntenkreis des Hochzeitspaares verantwortlich. Gelegenheiten dafür boten sich viele, etwa auf dem Weg zur Traukirche oder beim Hochzeitsmahl. Sollten die Schuhdiebe erfolgreich sein, musste das Diebesgut zurückgekauft werden.
Eine andere Variante, bei der mit dem Brautschuh „Bares erwirtschaftet werden soll" ist diese: Die Kinder entwenden der Braut gegen Ende der Hochzeitsfeier einen ihrer Brautschuhe und sammeln in diesem Spenden der Hochzeitsgäste. Im Schwarzwald trifft man auf weitere, alte Bräuche zum Brautschuhstehlen. Dort musste die Braut damals, nachdem ihr der Brautschuh gestohlen wurde, mit dem Dieb tanzen und zwar so lange, bis der Brautführer sie mit einer Spende freigekauft hatte.

Brautjungfern

Man könnte fast behaupten, zumindest im Hinblick auf die Geister, die uns in diesem Buch ja schon einige Male begegnet sind, dass die Brautjungfern so etwas wie die Bodyguards der Braut sind. Sie sorgen nämlich dafür, dass die Bösen nicht an die Braut herankommen und warum gelingt Ihnen das? Weil die bösen Geister dumm wie Brot sind und sich ziemlich leicht verwirren lassen:
Die Brautjungfern waren immer ähnlich gekleidet wie die Braut. Zudem trugen sie kleine Blumensträuße, die dem Brautstrauss ebenfalls sehr ähnlich waren. Dadurch standen die Geister vor massiven Problemen. Sie konnten nicht erkennen, wer von den beinahe identisch gekleideten Personen die Braut war. Das verwirrte sie und sie zogen von dannen, viele in Richtung Türschwelle, des zukünftigen Ehepaar-Zuhauses, aber dazu später mehr…
Oft wurde auch eine Art Brautkopie in ein Hochzeitskleid „gesteckt" und im Hause der „echten" Braut „abgestellt", während die Trauungszeremonie in der Kirche ablief. Da die bösen Geister, wir wissen es bereits, nicht zu den Schlauesten zählen, ließen sie sich

durch dieses Vorgehen täuschen…
Damals wollten allerdings nicht bloß Dämonen der Braut auflauern. Auch einige reiche Großgrundbesitzer, wohlhabende Männer, hatten diese Absicht. Sie beriefen sich auf das damalige Recht der ersten Nacht. Auch heute werden Brautjungfern noch gerne „eingesetzt", auch wenn es nicht mehr darum geht, die Braut zu schützen.

Die Kleider der Brautjungfern ähneln dem Brautkleid auch heute noch allerdings bleibt die Farbe weiß normalerweise der Braut vorbehalten. Sie soll schließlich am großen Tag hervorgehoben werden. Was das Kleid der Brautjungfern meist gemeinsam mit dem Brautkleid hat ist der Schnitt. Die modernen Brautjungfern von heute haben natürlich noch weitere Aufgaben zu bewältigen und sollten daher mit Bedacht vom Brautpaar ausgewählt werden. Sie sollten organisatorisch begabt sein oder zumindest ein Interesse am organisatorischen Arbeiten mitbringen. Sie werden mit in die Hochzeitsvorbereitung eingebunden und dienen, am Hochzeitstag selbst, auch als Ansprechpartner für die Hochzeitgäste. Traditionell werden zwei bis vier Brautjungfern für die Hochzeit ausgewählt.

Blumen

Wenn es um das Thema Hochzeit geht, dürfen wir eines natürlich nicht vergessen: Blumen! Nun soll natürlich, dem Stil der Hochzeitsfeier entsprechend ein stilvolles Ambiente geschaffen werden. Dennoch ist Optik hier nicht alles, da jede Blumensorte eine eigene Aussage hat. Also, viel Spaß beim Auswendiglernen dieser Bedeutungen. Nein, es kann nicht erwartet werden, dass jeder die Sprache der Blumen deuten kann. Zugegebenermaßen, manchmal sprechen sie gar ein wenig undeutlich, aber bei den meisten Blumen ist man sich bei der jeweiligen Bedeutung einig… Um größere Peinlichkeiten zu vermeiden, widmen wir uns in diesem Kapitel dieser blumigen „Problematik". Es könnte schließlich passieren, dass sich tatsächlich jemand aus der Hochzeitsgesellschaft mit der Materie auskennt. Stellen Sie sich sein Gesicht vor, wenn Sie sich bei Ihrer Blumendeko für Lavendel oder gelbe Nelken entschieden hätten. Erstere stehen übrigens für Misstrauen und die zweiten für Verachtung… Total romantisch, oder? Richtig populär wurde die Blumensprache gegen Anfang des 18. Jahrhunderts, als Lady Mary Wortley Montagu in den Orient reiste und im Jahre 1763 ihr Buch *„Briefe aus dem Orient"* erschien, welches bis heute immer wieder neu aufgelegt wurde. Zu jener Zeit entwickelte sich eine „richtige" Sprache und durch die zahlreichen Variationsmöglichkeiten wurde diese Sprache immer komplexer. Es war möglich, ohne Worte, allein durch die Symbolik der Blumen, zu kommunizieren. Das war damals sehr hilfreich, in einer Gesellschaft, in der es ganz und gar nicht leicht war, offen zu reden.
Heutzutage hat die Blumensprache nicht mehr die Bedeutung, die sie einst inne hatte. Sie wurde abgelöst von einer anderen, nicht wirklich romantischen Kommunikationsform, beschränkt auf 160 Zeichen: Der SMS. Dennoch, Blumen gehören einfach zu einer schönen Hochzeit, und darum widmen wir uns nun diesem Thema. Im Anhang finden Sie übrigens weitere Angaben zur Bedeutung der jeweiligen Blumen…

Der Brautstrauß

Der Brautstrauß ist mehr als nur schmückendes Beiwerk und sollte mit Bedacht gewählt werden. Er sollte nicht bloß optisch zur Braut passen, beziehungsweise mit dem Brautkleid harmonieren. Er hat auch, abhängig von der Auswahl der einzelnen Blumen, einen speziellen symbolischen Charakter.
Auch der Brautstrauß hat sich im Laufe der letzten Jahrzehnte und Jahrhunderte verändert. Schnittblumen, wie wir sie heute kennen, waren vor langer Zeit und in einigen Gegenden purer Luxus. Es musste also auf Alternativen zurückgegriffen werden. Diese Alternativen bestanden aus Stroh und Feldblumen. Im Mittelalter waren auch Kräuter sehr beliebt, allen voran der Rosmarin und später die Myrte. Hierbei handelte es sich um Glücksbringer, sie hatten jedoch noch weitere Eigenschaften: Sie sorgten dafür, dass sich die bösen Geister nicht herantrauten.Nun ging und geht es ja, wie bereits erwähnt nicht bloß um die Optik. Was tatsächlich mit dem Brautstrauß geschieht, entscheidet die Braut selbst. Viele Paare ziehen es vor, ihren Brautstrauß zu konservieren, was übrigens am besten gelingt, wenn man ihn mit Haarspray einsprüht und kopfüber mit den Blüten nach unten aufhängt. Der wohl bekannteste mit dem Brautstrauß zusammenhängende Brauch, ist jedoch ohne Zweifel der Brautstraußwurf, auf den wir nun zu sprechen kommen…

Brautstraußwerfen

Beim Brautstraußwerfen handelt es sich um einen sehr alten Brauch, bei dem festgestellt werden soll, wer unter den Anwesenden als nächstes den großen Tag feiern wird.

Wann der Brautstrauß geworfen wird unterliegt eigentlich keiner Regel. Normalerweise wird er nach der Kirchlichen Trauung, oder nach dem Brautwalzer (dort muss die Braut ihn übrigens in der rechten Hand halten) oder zum Abschluss der Feierlichkeiten geworfen. Die einzige bestehende Regel: Die Männer haben während des Brautstraußwerfens erst mal Pause...

Die unverheirateten Frauen sind gefragt und diese bilden einen Halbkreis um die Braut, die mit ihrem Rücken zu ihnen steht. Die Braut wirft nun ihren Strauß nach hinten und die glückliche Fängerin kann sich in Gedanken schon einmal ausmalen, wie ihre anstehende Hochzeit verlaufen wird.

Dezente Manipulation während des Brautstraußwerfens ist natürlich zulässig, sie sollte allerdings nicht zu offensichtlich sein. Mitleid ist ebenfalls eher unpassend, etwa wenn zwischen dem Halbkreis hinter der Braut eine zehn Meter breite Lücke klafft, in dessen Mitte die „einsame Dörthe" steht, die endlich „unter die Haube" soll...

Oftmals wird für den Brautstraußwurf ein Zweitstrauß verwendet, damit das Original unversehrt im Besitz der Braut bleiben kann.

Blumenkinder

Bereits im alten Rom begleiten die Blumenkinder den Hochzeitszug. Sie trugen Fackeln und liefen meist dem Zug voraus. Dabei streuten sie Rosenblätter auf den Weg des Brautpaares zum Altar. Heutzutage werden die Blumen in der Regel nach der Standesamtlichen- oder der Kirchlichen Trauung zu Füßen des Hochzeitspaares gestreut. Die Blumenblätter tragen die Kinder dabei in kleinen Körbchen. Blumen und Kinder stehen sinnbildlich für Glück und Nachkommenschaft. Die Blumen haben nach heidnischem Brauch die Fähigkeit, die Fruchtbarkeitsgöttin anzulocken.

Jacqueline Kennedy 1953

Wendisches Brautpaar aus dem Jahr 1931

Tanzen!

Musik, Essen und Tanzen, drei Bestandteile, die auf jeder Hochzeitsfeier dazugehören. Getanzt wurde traditionellerweise nach dem Hochzeitsmahl, oder zwischen den einzelnen Gängen. Der Eröffnungstanz gehörte dabei, und da sind wir uns fast weltweit einig, dem Hochzeitspaar. Anschließend folgten die Eltern und Großeltern, die Geschwister und die Trauzeugen, Onkel, Tanten und Cousinen. Zum Schluss durften die Freunde und Arbeitskollegen auf die Tanzfläche.

In einigen Gegenden wich der Ablauf der Tanzveranstaltung auch vom eben Dargestellten ab. Eine weitere Form des Tanzens ist, dass die Braut zunächst mit allen männlichen Familienmitgliedern tanzen muss. Nach einer kurzen Tanzrunde zog der Tanzpartner der Braut dann seine eigene Partnerin auf die Tanzfläche und die Braut wählte das nächste männliche Familienmitglied. So füllte sich die Tanzfläche zunehmend. Erst ganz zum Schluss durfte der Bräutigam zu seiner Braut. Klarer Vorteil für ihn. Er war noch gut bei Kräften, während die Braut, je nach Größe der Familie, schon um einiges mehr „beansprucht" wurde. Jaja, es ist schon eine ungerechte Welt, oder? Wir Männer versuchen halt, uns möglichst lang vor solchen Dingen zu drücken, das beginnt übrigens bereits häufig schon beim Besuch des Tanzkurses vor den Hochzeitsfeierlichkeiten…

Auch beim Tanzen spielte der Ring, oder der Kreis an sich eine Rolle: In vielen Gegenden bildet die Hochzeitsgesellschaft einen Kreis um das tanzende Hochzeitspaar. Der geschlossene Kreis symbolisierte Schutz und Geborgenheit und verhinderte, dass die bösen Geister an das Ehepaar herankamen.

Die Geister lauern tatsächlich überall, wir werden ihnen unter anderem noch an der Türschwelle und in der Nähe des Hochzeitsautos begegnen… Es gibt bestimmt nicht wenige, die ihren letzten Diskobesuch bereut haben, da sie feststellen mussten, dass ihr Tanzpartner, der anfangs so nett war, auch nur ein böser, hinterlistiger Geist war. Aber darum geht es jetzt ja nicht…

Brautwalzer

Der wohl bekannteste Hochzeitstanz ist natürlich der Hochzeitswalzer. Der Tanz begeisterte Anfang des 19. Jahrhunderts zunächst den Wiener Kongress und startete dann seinen Siegeszug durch die ganze Welt. Der Tanz zum Dreivierteltakt wurde zum Standard für den Hochzeitstanz. Vor dieser Zeit hatte der Walzer einen eher schlechten Ruf. Er wurde als unmoralisch angesehen und tabuisiert. Kein Wunder in Zeiten steifer Etikette. Da flogen zwei Menschen, Haut an Haut, teilweise tranceartig über die Tanzfläche. Ein Skandal, pfui, pfui. Heute darf man sich glücklicherweise in der Öffentlichkeit berühren und muss sich noch nicht einmal dafür schämen.

Ob das Paar nun den schnellen oder den langsamen Hochzeitswalzer bevorzugt, liegt auch in den Fähigkeiten beider „Tänzer". Für Ungeübte empfiehlt sich auf jeden Fall ein spezieller Hochzeitstanzkurs, der von vielen Tanzschulen angeboten wird. Viele Ungeübte, okay ich muss es zugeben, es sind meistens Männer, halten einen solchen Tanzkurs für unnötig. Muss man ja auch nicht, Lacher sind auf der Hochzeitsfeier schließlich willkommen. Hochzeitsfilmer sollten in diesem Fall jedoch ein Päuschen machen, wenn es an den Hochzeitswalzer geht...

Der Lichtertanz

Bei diesem Tanz stehen die Brautjungfern im Mittelpunkt des Geschehens. Der Tanz findet traditionell nach dem Essen statt. Die Brautjungfern tanzen zunächst allein und tragen dabei jeweils eine große Kerze. Nach einer kurzen Einführungsrunde suchen sie sich rundenweise jeweils einen Tanzpartner aus dem Publikum. Zum Schluss befindet sich die gesamte Hochzeitsgesellschaft auf der Tanzfläche, bis auf Onkel Gustav. Der kann nämlich nicht tanzen und ein Tanzkurs war ihm zu blöd...

Schleiertanz

Hierbei hat die Braut die Möglichkeit, auf originelle Art und Weise Ihren Schleier zu zerstören... Da jedoch die wenigsten Bräute Ihren Schleier zerfetzt sehen wollen, es sei denn für ein Trash-The-Dress-Fotoshooting, wird dieser für diesen Brauch meist durch ein Imitat ersetzt, welches dem Original sehr ähnlich sieht.

Der Schleiertanz stand damals symbolisch für die Entjungferung der Braut. Auf der anderen Seite sollte der Schleier auch Glück bringen und mit dem folgenden Spiel sollten auch die unverheirateten Frauen ein wenig von diesem Glück profitieren:
Der Tanz beginnt traditionell gegen 24.00 Uhr. Die unverheirateten Frauen tanzen zu laufender Musik um die Braut herum, die, mit ihrem Schleier bedeckt, in der Mitte des Raumes sitzt. Die tanzenden Frauen halten jeweils ein Ende des Brautschleiers. Sobald die Musik stoppt, soll jede Frau versuchen, ein möglichst großes Stück des Schleiers abzureißen. Die Frau, die das größte Stück erwischt, ist die Gewinnerin des Spiels und kann sich für die kommende Zeit glücklich schätzen: Sie wird die nächste sein, die heiratet...
Wichtig ist bei diesem Spiel, dass der Schleier nicht mit Haarnadeln befestigt wird. Ansonsten würde die Braut das Spiel eventuell mit einer neuen Frisur verlassen... Es ist tatsächlich schon mehrmals passiert, dass der Braut richtige Haarbüschel herausgerissen wurden, weil der Schleier falsch am Haar befestigt wurde.

Es gibt jedoch auch noch weitere Varianten des Schleiertanzes wie die Folgende, bei der sich die Frage stellt: Warum den Brautschleier zerstören, wenn man ihn doch versteigern könnte? Genau das geschieht hier. Dazu tanzt die Braut zur Musik, während die Hochzeitsgäste, solange die Musik läuft, auf den Schleier der Braut bieten. Mit dem Ende des Tanzes endet auch die Versteigerung und da gilt logischerweise: Wer am meisten geboten hat, erhält den wertvollen und glückbringenden Stoff...

Da aller guten Dinge drei sind, möchte ich noch eine dritte Variante erwähnen: Alle Junggesellinnen versammeln sich dazu um die Braut. Dieser werden die Augen mit einem Stofftuch verbunden. Die Braut hat nun die Aufgabe, eine Junggesellin zu fangen und ihr den Schleier aufzusetzen. Gelingt ihr das, hat sie damit auch die Frau gefunden, die als nächstes heiraten wird...

Besentanz

Auch dieser Tanz findet in einigen Gegenden während der Hochzeitsfeier statt. Dafür werden zwölf Paare benötigt. Außerdem ein Besenstiel, 12 Karten, Musik und gute Laune. Sobald die Musik ertönt, fangen die zwölf Paare an zu tanzen. Dabei geht ein Besen durch die Reihen, der von Paar zu Paar weitergegeben wird. Stoppt die Musik, scheidet das Paar aus, welches in diesem Augenblick im Besitz des Besens ist. Dieses Paar muss nun vom Hochzeitspaar eine von den zwölf Karten ziehen. Auf der Vorderseite der Karten sind die Monatsnamen von Januar bis Dezember abgebildet und auf der Rückseite einer jeden Karte wird eine Aktion beschrieben, die das Verliererpaar im gezogenen Monat gemeinsam mit dem Hochzeitspaar unternehmen muss. Das kann ein Kinobesuch sein, ein Tagesausflug, ein gemeinsames Abendessen oder was einem sonst noch so einfällt. Am Ende des Besentanzes sind alle zwölf Karten verteilt und das Hochzeitspaar kann sich auf ein aktionsreiches erstes Ehejahr freuen.

Münzentanz

In einigen Gegenden findet man den folgenden Brauch noch immer und die Braut kann sich einmal mehr als ausdauernde Tänzerin beweisen. Sie hat die Aufgabe mit den männlichen Gästen der Hochzeitsgesellschaft zu tanzen und dafür wird sie entlohnt: Die Männer werfen, während Sie mit der Braut tanzen einige Münzen auf den Boden. Und der Bräutigam? Der hat zumindest keine Zeit eifersüchtig zu werden, da er die auf dem Boden liegenden Münzen mit Kehrblech und Schaufel aufkehren und anschließend in seine Hosentasche verfrachten muss. Es könnte also alles recht unkompliziert für den Bräutigam laufen, wenn da nicht seine Freunde wären. Die „kümmern" sich zwischendurch um ihren Freund, indem sie in hochheben und in der Luft umdrehen, so dass die Münzen, der Schwerkraft zuliebe, wieder auf den Boden prasseln. Das Spiel beginnt danach von vorne und am Ende gewinnt natürlich das Brautpaar, das um einige hart erarbeitete Münzen reicher ist.

Der Rosentanz

Ein weiterer schöner Brauch, der es allen männlichen Hochzeitsgästen erlaubt, wenigstens einmal mit der Braut tanzen zu können. Bei diesem Tanz erhält zunächst jeder Mann eine Rose. Anschließend bilden die Männer einen Kreis um die Braut und nun darf, der Reihe nach, jeder einmal mit der Braut tanzen, wobei der jeweilige Tänzer der Braut seine Rose überreicht. Als erstes ist selbstverständlich der Brautvater dran. Am Ende dieser Zeremonie wird die Braut wohl ein wenig erschöpft sein, aber sie ist nun im Besitz eines schönen, großen Straußes voller Rosen.

Der Zeitungstanz

Ein weiterer, witziger Tanz und das Schöne daran: Es wird nicht mehr benötigt, als eine Tageszeitung und Musik. Zunächst erhalten die Frauen, die an diesem Tanz teilnehmen wollen, eine komplette Zeitungsseite. Nun müssen sich die Frauen einen Tanzpartner suchen, und auf der Zeitungsseite zur Musik tanzen. Die Tanzpartner müssen darauf achten, mit keinem Fuß den Boden um die Zeitungsseite herum, zu berühren, was einem Ausscheiden aus dem Spiel gleichkommen würde. Bis jetzt noch nicht so spektakulär, aber es geht ja noch weiter. Immer wenn die Musik unterbrochen wird, muss die Zeitungsseite in der Hälfte gefaltet werden, die zur Verfügung stehende Tanzfläche verkleinert sich also immer weiter. Gewonnen hat das Paar, dass am längsten standhält, ohne den Boden zu berühren.

Bräuche am Tag der Hochzeit...

Die Hochzeitstorte

Die Hochzeitstorte gehört zur Hochzeit wie die Braut zum Bräutigam und das schon seit Jahrhunderten. Selbstverständlich waren die Torten damals nicht so üppig, wie die heutigen Prachtgebilde der Konditoren.

Vor über 2000 Jahren war es in Rom Tradition, dass zunächst nur das Hochzeitspaar vom Hochzeitskuchen, der tatsächlich nur ein einfacher Kuchen war, naschen durfte. Den Rest des Kuchens erhielten anschließend die Gäste, allerdings über einen kleinen „Umweg", wie ich es mal nennen möchte. Der restliche Kuchen wurde nämlich über dem Kopf der Braut zerbröselt und erst dann von den Gästen aufgesammelt und gegessen. „Warum macht man so etwas?", fragt sich der Friseur, der Stunden damit verbracht hat, eine tolle Frisur auf die Beine zu stellen...
Der Ursprung dieses Brauches basiert auf den Bestandteilen des Kuchens, nämlich dem Getreide. Dieses galt damals als Symbol für Fruchtbarkeit und Überfluss. Das Hochzeitspaar sollte mit diesem

Brauch mit Nachwuchs gesegnet werden. Die Zeremonie des gemeinsamen Kuchenessens nannte sich bei den Römern übrigens Confarreatio.

Heutzutage entscheiden sich viele Paare für mehrstöckige Hochzeitstorten und auch diese haben ihren Ursprung. In England ten die Familienmitglieder und die eingeladenen Hochzeitsgäste selbst ihren Kuchen mit zur Hochzeitsfeier. Diese Kuchen wurden dann übereinander gestapelt. Das Paar hatte dabei die Aufgabe, sich über den Kuchenstapel hinweg zu küssen, ohne diesen schmeißen. Bei Gelingen war dem Paar der Kindersegen sicher. Gerade bei prunkvollen Hochzeiten hätte dieser Brauch jedoch für große Probleme gesorgt, wie etwa bei dieser:

Bei der Hochzeit zwischen Elisabeth II und Prinz Philipp stand ein Monster zwischen dem Hochzeitspaar. Es wog 226 Kilo, hatte eine Größe von etwa drei Metern und hörte auf den Namen *Hochzeitstorte...*

Heute findet man oft fünfstöckige Hochzeitstorten. Die fünf Stöcke sollen den Lebenszyklus symbolisieren:

- Geburt
- Jugend
- Hochzeit
- Kinder
- Tod

Was in keiner klassischen Hochzeitstorte fehlen sollte sind Zucker und Mandeln, da hier zwei Gegensätze aufeinanderstoßen und dennoch harmonieren: Die Süße und die Bitterkeit der Mandeln. So sollte es auch beim Hochzeitspaar sein, nämlich das zwei unterschiedliche Teile zusammen zu etwas ganz Harmonischem werden. Die Scheidungsstatistik besagt zwar, dass es doch nicht immer ganz so einfach und harmonisch läuft, aber vielleicht standen die Zutaten wohl einfach im falschen Verhältnis zueinander...

Der Zeitpunkt des Anschneidens ist eigentlich gar nicht so wichtig. Wichtiger ist, dass die Torte gemeinsam von beiden Eheleuten angeschnitten wird. Doch auch das Anschneiden könnte weiteren Einfluss auf die zukünftige Ehezeit nehmen. Wer nämlich beim Anschneiden der Hochzeitstorte die Hand oben hält, wird innerhalb der Ehe das Sagen haben. Sichern sie sich also rechtzeitig die beste Position, wenn sie in Zukunft nicht unterdrückt werden wollen…

Die zwei Kaffeebohnen

Kaffeebohnen riechen nicht nur gut, sie sind auch Bestandteil einer weiteren Tradition: Dazu werden zwei der wohl riechenden Bohnen in die Hochzeitstorte mit eingearbeitet. Eine Kaffebohne ist geröstet, die andere ist ungeröstet. Man behauptete, dass bei der Person, die ein Tortenstück mit der gerösteten Kaffeebohne ergattern konnte, schon bald die Verlobung anstehen würde. Dem Finder der ungerösteten Kaffeebohne blühte dabei eine längere Zeit als Single, oder zumindest als unverheiratete Person…

Der gefallene Ring

Wenn es während der Hochzeitszeremonie klimpert, könnte es der Trauring sein, der soeben auf dem Boden gelandet ist. Ein ganz, ganz schlechtes Zeichen, was für die Zukunft des Ehepaares nur Unglück bedeuten würde. Eine Möglichkeit für den Brautführer, das Unglück abzuwenden, wären Magnethandschuhe… Da dieses allerdings ziemlich doof und vor allem sehr unromantisch aussehen würde hilft nur eines: Ein ruhiger, gelassener Brautführer.

Das Ja-Wort

Bürokratie. Ein schreckliches Wort, welches uns häufig begegnet. Anders beim Ja-Wort: Hier wird kein Papier und keine Unterschrift benötigt. Das Ja-Wort bei der Hochzeit ist eine eindeutige Willensbekundung, sagt das Bundesgesetzbuch. Das Ja-Wort muss nicht schriftlich, sondern kann mündlich geltend gemacht werden. Theoretisch wird die Ehe zwischen zwei Partnern bereits vor dem Unterschreiben der Heiratsurkunde mit dem Ja-Wort geschlossen!
Dabei sind die Ehepartner auch nicht ausschließlich auf das „Ja!" beschränkt. Wichtig ist dem Gesetzgeber, dass der Wille erkannt wird und daher könnte man sogar, wenn man gerne ausfernde Reden hält, etwas in dieser Art sagen:
„Ja, ich bin mir nach zahlreichen Überlegungen, nach dem Gegenüberstellen der Vor- und Nachteile und dem Niederschreiben meiner Gedanken völlig sicher, dass ich einer Heirat zustimme, und beantworte die Frage mit einem lauten Ja, auf das es ein jeder hören möge!"
Klare Worte, auch wenn hier das Sprichwort *in der Kürze liegt die Würze* unbeachtet blieb: Es wäre möglich, da das Wort *Ja* enthalten ist.

Schenke

Im damaligen Württemberg war auch die so genannte Schenke ein sehr beliebter Brauch, der dem Hochzeitspaar sehr zugute kam. Nach dem Hochzeitsmahl wurde eine Schüssel vor die Brautleute gestellt, in welche die Hochzeitsgäste Münzen warfen.

Der verprügelte Bräutigam

Wer in diesem Buch auf der Suche nach einem passenden Brauch für den eigenen großen Tag sucht, sollte den folgenden Punkt, im Interesse des Bräutigams, überspringen...
In Westfalen, wo es damals übrigens verboten war, an einem Montag, Mittwoch oder Freitag zu heiraten, wurde der zukünftige Ehemann zunächst herzlichst von den Bauern begrüßt, nämlich mit einer Tracht Prügel. Daraus sollte der Bräutigam die Lehre ziehen, dass es nicht gut wäre, seine Ehefrau zu schlagen...

Eselshochzeit

Bei diesem Brauch wird der Bräutigam mal so richtig bestraft. Die Strafe traf den Bräutigam, wenn er zu geizig war, die Ablöse an den Junggesellenverein zu zahlen. Diese Ablöse war üblich und auch Folgendes: Wer sich der Zahlung verweigerte, musste zur Eselshochzeit und war praktischerweise auch gleich der Hauptdarsteller. Auf der Eselshochzeit wurde eine Trauungszeremonie nachgestellt, der Bräutigam wurde dazu allerdings mitsamt Partnerin in ein Eselskostüm gesteckt. Anstatt sich das Ja-Wort zu geben, gab es ein lautes „I-ah" vom Bräutigam. Klingt witzig? War es auch, allerdings nicht für jedermann...

Das Bescheid-Tüchlein

In Bayern finden wir einen weiteren alten Brauch, bei dem die Hochzeitsgäste ihren Beitrag zum Hochzeitsmahl beisteuern, eingewickelt in ein Stofftüchlein. Natürlich gehen die „Spender" nicht mit leeren Händen, beziehungsweise leerem Tüchlein, nach Hause: In eben diese Tücher werden Überreste vom Hochzeitsmahl eingepackt. Geben und nehmen heißt es ja schließlich…

Zwei Bockwürstchen

Diese sollen dem Hochzeitspaar, gerade in ländlichen Gegenden, Kindersegen bescheren. Dazu erhält das Paar einen Kindertopf in dem sich zwei Bockwürstchen in einem großen Haufen Senf verstecken. Beide Partner müssen nun ihr Würstchen vertilgen und der Nachwuchs ist damit so gut wie sicher…

Altes, Neues, Geliehenes und etwas Blaues

Hier handelt es sich um einen alten englischen Brauch aus der viktorianischen Zeit. Demnach war das Braut-Outfit erst komplett, wenn die folgenden vier Gegenstände getragen, beziehungsweise mitgeführt wurden:

Etwas Altes:
Das symbolisiert den zurückliegenden Lebensabschnitt als unverheiratete Frau. Als Gegenstände wurden meist Schmuckstücke von der Mutter oder der Großmutter verwendet.

Etwas Neues:
Hiermit wird der neue Lebensabschnitt als Ehefrau dargestellt. Ein Gegenstand, der dafür verwendet werden könnte und häufig auch verwendet wird, ist natürlich das

Brautkleid. Was könnte auch sonst deutlicher zeigen, dass ein neuer Lebensabschnitt eingeleutet wird?

Etwas Geliehenes:
Hiermit wird die enge Freundschaft zwischen der Braut und einer Freundin verdeutlicht, verwendet wird dazu meist ein Schmuckstück. Sollte die Freundin bereits verheiratet sein, leiht man sich zudem das Glück, welches der Vorgängerin mit ihrer Hochzeit widerfahren ist, gleich mit aus. Hoffentlich muss es nicht zurückgegeben werden…

Etwas Blaues:
Nicht nur weiß symbolisiert die Reinheit auch die Farbe Blau hat diese Eigenschaft. Außerdem steht die Farbe Blau auch für Treue. Um dem hier vorgestellten Brauch gerecht zu werden muss also etwas Blaues her und dafür wird meist ein blaues Strumpfband verwendet. Was mich wundert, wo wir beim Thema Treue sind: Warum müssen eigentlich die Männer nichts Blaues tragen? Bei meinen Recherchen konnte ich leider keine Antwort darauf finden…

Die Hochzeitskerze

Die Hochzeitskerze ist seit dem Mittelalter Bestandteil kirchlicher Trauungen. Sie ist meist verziert mit Symbolen der Liebe, der Zusammengehörigkeit und des christlichen Glaubens. Die Kerze soll zum einen die Gebete für das Hochzeitspaar in den Himmel tragen und zum anderen die lichtempfindlichen, bösen Geister, denen wir ja in diesem Buch schon öfter begegnet sind, vom Brautpaar fernhalten.

Das Tablett mit dem Schlüssel

Während der Hochzeit gibt es sicherlich einige Möglichkeiten zu beweisen, wer in der Ehe die Hosen anhaben wird. Diese gehört ebenfalls dazu. Dabei wird das Hochzeitspaar vor der Hochzeitsfeier mit einem Tablett empfangen, auf dem neben zwei gefüllten Weingläsern auch ein Schlüssel liegt. Die Ehepartner müssen nun so schnell wie möglich den Inhalt der Gläser leeren. Wer sein Glas zuerst ausgetrunken hat, greift blitzschnell zu dem auf dem Tablett liegenden Schlüssel. Dessen Besitzer hat damit bewiesen, dass er die Schlüsselgewalt in der Ehe haben wird.

Brautentführung

Damals

Dies ist wohl einer der bekanntesten Hochzeitsbräuche. Viele Leser werden jedoch überrascht sein, wenn sie erfahren, welchen Ursprung dieser Brauch hat. Er hat tatsächlich einen historischen Hintergrund aber dafür müssen wir viele, viele Jahre zurückgehen. Die Brautentführung oder der Brautraub wurde bereits in der Bibel beschrieben und zwar im fünften Buch Mose:

„Ein schönes Mädchen, im Krieg geraubt, das deine Lust erweckt, führe sie heim, schere ihr Haupt und ihre Nägel, lege ihr Sackkleider der Gefangenschaft an, lasse sie einen Monat lang ihre Eltern beweinen, danach magst du ihr beischlafen oder sie ehelichen."

Im antiken Sparta war die Brautentführung ein ganz normales Ritual. Die Frau wurde unter ihrem Einverständnis aus ihrem Elternhaus geraubt und damit geehelicht. Die Braut wurde anschließend im Hause des Mannes versteckt, ihr wurden die Haare gestutzt und Männerkleidung angezogen. Der Ehemann besuchte sie fortan heimlich, wenn er seine sexuellen Gelüste befriedigen wollte. Vor seinen Freunden tat er allerdings stets so, als sei er noch Junggeselle. Romantik wurde wie sie sehen zu dieser Zeit ganz, ganz groß geschrieben.

Auch später noch war von Liebe nicht wirklich viel zu spüren. Die Braut wurde tatsächlich oftmals während der Hochzeitszeremonie entführt und zu der Zeit war dies kein Spaß, sondern bitterböser Ernst. Wenn ein Bräutigam seine Frau nicht „halten" konnte, war er es in Augen vieler auch nicht wert, Ehemann zu sein. Der Braut wurde, um eine Entführung zu vermeiden, ein Beschützer an die Seite gestellt und das erklärt uns den Begriff: Brautführer. Richtig, der Mann hatte ursprünglich die Aufgabe, die Braut von allem Übel zu schützen.

Heute

Gut, was passiert denn eigentlich heutzutage bei einer Brautentführung? Grob gesagt, die Braut wird von Freunden an einen öffentlichen Ort, wie etwa eine Kneipe, verschleppt. Der Bräutigam hat nun die Aufgabe, sein Bestes Stück (Ja, die Braut!) zu finden und mit dem Brautstrauß auszulösen.

Heute hat die Brautentführung natürlich eher einen spaßigen Charakter. Dennoch kommt der Brauch immer seltener zur Anwendung. Gründe dafür sind unter anderem, dass die Brautentführung den zeitlich streng kalkulierten Ablaufplan der Hochzeit durcheinander bringen und die Stimmung stören würde. Wenn eine Brautentführung geplant wird sollte man also als Entführer darauf achten, im gleichen Bundesland zu bleiben, sonst könnte es ein sehr ermüdender Abend für die restliche Hochzeitsgesellschaft werden.

Eine Möglichkeit wäre, wenn bei den diversen Gaststätten der Umgebung Zettelchen mit Hinweisen hinterlegt würden, um den Suchenden auf die richtige Fährte zu führen.

Es könnte auch ein zeitlicher Rahmen vorgegeben werden, damit die Feierlichkeiten nicht zu lange unterbrochen werden.

Natürlich spricht auch nichts dagegen, die gesamte Hochzeitsgesellschaft mit einzubeziehen (ausgenommen Onkel Gustav, der will lieber seine Ruhe haben…). Es können beispielsweise mehrere Teams gebildet werden, die sich auf die Suche nach der Braut machen. Auch hier sollte ein Zeitpunkt festgelegt werden, an dem sich alle Teams wieder treffen. Das Gewinnerteam könnte im Laufe der Hochzeitsfeier belohnt werden, etwa durch ein kleines Ständchen des Verliererteams.

Dosen am Auto und Autokonvoi

Dieser Brauch sollte zum einen die bösen Geister abschrecken, die sich nicht nur unter Türschwellen die Zeit vertreiben. Zum anderen diente der Brauch dazu, die Hochzeit im Wohnort bekannt zu machen. Beim Anbringen der Dosen ist jedoch Vorsicht geboten. Zum Verbinden der Dosen sollte eine möglichst dicke Schnur verwendet werden. Außerdem sollte überprüft werden, ob die Knoten auch wirklich fest sind, da sich die Dosen sonst lösen könnten, was für nachfolgende Autofahrer nicht ungefährlich wäre.

Bräutigam = Chauffeur

Nicht nur nach dem Alkoholgenuss sollte man(n) die Finger vom Steuer lassen, sondern auch, wenn gerade geheiratet wurde. Auch wenn das Hochzeitsauto noch so toll ist: Wir Männer haben in unmittelbarer Nähe des Lenkrades nichts verloren. Das würde Unglück für die Ehe bedeuten und zwar nicht zu knapp. Wir müssen uns also einen anderen Tag aussuchen, um zu zeigen, dass wir besser einparken können als die Frauen…

Brot und Salz

Das gemeinsame Essen von Brot und Salz beider Ehepartner ist ein sehr alter Brauch, der oftmals Voraussetzung für den Start in eine glückliche Ehe war. Auch heute noch findet man diesen Brauch, manchmal auch nach der Trauungszeremonie. Die Hochzeitsgäste erhalten dabei jeweils ein Stück Brot, welches anschließend in die Hochzeitssuppe getunkt wird. Brot und Salz sind Symbole für Glück und Wohlstand. In einigen Gebieten wurde dem Brautpaar zusätzlich noch ein Glas Wasser überreicht, aus dem die beiden Ehepartner gemeinsam trinken mussten. Nachdem das Glas geleert war, musste die Braut das Glas nach hinten, über ihren Kopf hinweg schmeißen, wo es (hoffentlich) auf dem Boden zerschellte. Klar was das bedeuten sollte: Glück natürlich.

Hochzeitsknödel

Bei diesem Brauch soll während des Hochzeitsmahls festgestellt werden, welches Mädchen als nächstes heiraten wird. Die Antwort darauf befindet sich in den Knödeln, von denen einer speziell präpariert wurde…
Gerade in ländlichen Gegenden findet man beim Hochzeitsmahl auch die Knödel, die meist schon Tage im Voraus im Haus der Brautmutter vorbereitet werden. Einer der Knödel erhält jedoch eine besondere Füllung. Häufig findet eine Zwetschge oder eine Mandel ihren Weg in den Knödel. Die Person, die beim Hochzeitsmahl genau diesen Knödel erwischt, hat einen glücklichen Tag erwischt. Sie ist damit nämlich auserkoren, als nächstes zu heiraten. Was passiert jedoch, wenn der Glücks-Knödel an eine bereits verheiratete Person gelangt? Ist das die Ursache für die hohe Scheidungsrate? Scheidungsgrund Hochzeitsknödel? Wir werden es wohl nie erfahren…

Reis werfen

Ursprünglich förderte dieser aus dem asiatischen Raum stammende Brauch Fruchtbarkeit und Kindersegen. In vielen Teilen Asiens wird die Reispflanze als Fruchtbarkeitssymbol angesehen und mit der Frau verglichen: Sie wächst auf, wird fruchtbar und bekommt Kinder.
In England wurde statt Reis auf Weizen und Gerste zurückgegriffen. Das sollte Glück bringen und der Lebensmittelknappheit in der zukünftigen Ehezeit vorbeugen.
Bei diesem Brauch trennen sich die Gemüter. Er ist nicht gerade umweltfreundlich und es besteht die Gefahr, dass sich Personen verletzen, wenn sie auf dem auf den Boden liegenden Reis ausrutschen. Außerdem werden wertvolle Nahrungsmittel verschwendet. Angesichts des Hungers, der in vielen Teilen dieser Welt herrscht eine durchaus berechtigte Kritik, wie ich meine, denn Lebensmittelknappheit besteht tatsächlich, allerdings nicht hierzulande und auch in England nicht…
Viele Hochzeitspaare verzichten heutzutage auf Reis und verwenden stattdessen Konfetti.

Schuhwerfen

Al Bundy, der wohl berühmteste Schuhverkäufer der Fernsehgeschichte hätte aus diesem Brauch bestimmt Profit gezogen. Das Schuhwerfen findet man heutzutage noch in mehreren Ländern, unter anderem in Dänemark, Schottland, England, Türkei und auch in Teilen Nordafrikas. In einigen Teilen der Erde steht der Schuh für das weibliche Geschlecht. Vom Einkaufsbummel gestresste Ehemänner wissen warum, wenn Sie über den Zusammenhang zwischen Schuhen und Frauen nachdenken, aber das ist ein anderes Thema und nicht die Ursache dieser Symbolik…
Wie dem auch sei, das weibliche Geschlecht wiederum steht für Kindersegen und Familienglück. Was liegt also näher, dieses Glück auf das Hochzeitspaar „herabregnen" zu lassen? Also!

Der Schuh an der Tür

Der Glaube besagt, dass der Bräutigam nicht unter einer Tür hindurch laufen sollte, an der ein Schuh befestigt wurde. Das würde bedeuten, dass der Bräutigam in Zukunft unter dem Pantoffel der Frau stehen und sie damit das Sagen in der Ehe haben würde. Da an beinahe jeder Tür ein Schuh vorzufinden ist, man brauch sich da nur mal umschauen, ist das ein „gefährlicher" Brauch, besonders für Machos…

Holzstammsägen

Wenn doch alles so einfach wäre. Da plant man monatelang den großen Tag, überwindet zahlreiche Problem-Momente und glaubt dann endlich alles überstanden zu haben. Doch Pustekuchen, schon lauern die nächsten Hindernisse. Okay, alles wird gut, der folgende Brauch soll das Hochzeitspaar, wie viele andere Hochzeitsbräuche auch, lediglich auf den gemeinsamen Weg vorbereiten. Schließlich wird es innerhalb der Ehe immer wieder zu Situationen kommen, die…nun ja… unangenehm werden könnten.
Die gemeinsame Stärke wird beim Holzstammsägen auf die Probe gestellt. Nur wenn beide Seiten anpacken, wird das Ziel erreicht. In unserem Fall geht es darum, gemeinsam einen Baumstamm zu zersägen. Die Aktion findet meist unmittelbar nach der Standesamtlichen- oder Kirchlichen Trauung statt. Benötigt wird eine Bogensäge, ein Sägebock und natürlich ein Baumstamm, der bei Bedarf auch noch dekoriert werden kann. Besonders häufig findet man diesen Brauch in der Schweiz und in Gegenden mit weitflächigen Waldgebieten.

Ich durfte einmal einer Hochzeit beiwohnen, auf der es die Organisatoren wohl nicht so gut mit dem Hochzeitspaar meinten. Als ich den Baumstamm sah, der aufgefahren wurde, da wusste ich: Es würde mit einer Aufgabe des Paares enden oder ein verdammt langer Abend werden. Der Holzstamm hatte einen Durchmesser von bestimmt einem Meter. Und ja, es wurde ein längerer Abend mit einem ungewöhnlich erschöpften Hochzeitspaar…Ich sah jedoch auch schon ein „Stämmchen", das jemand mit einem guten Gebiss einfach hätte durchbeißen können. Die Säge ging einmal vor und einmal zurück und schwuppdiwupp, das war's mit dem Hölzchen. Bei dem Hochzeitspaar handelte es sich um ein älteres Paar und anscheinend wollte man Ihnen etwas „entgegenkommen", aber dem Ehemann sah man an: Das war kein Brauch mehr, das war eine Beleidigung!

Tipp:
An die Ehemänner, die Mist gebaut haben: Es müssen doch nicht immer Blumen sein. Seien Sie innovativ und bringen Sie Ihrer liebsten doch einfach hin und wieder mal einen Baumstamm mit! Das erinnert an die schöne Zeit davor, nur, da es hier um Wiedergutmachung geht: Diesmal müssen Sie alleine Sägen, selbst Schuld! Einen Versuch wäre es Wert, oder?

Die gemalte Hochzeitserinnerung

Ein sehr schöner Brauch, der dem Hochzeitspaar zudem eine tolle Erinnerung an den hoffentlich ebenso tollen Tag beschafft. Um das umzusetzen wird nicht viel benötigt, lediglich einige Farben, verschiedene Pinsel und eine Malfläche, wie etwa eine weiße Leinwand. Jeder Gast hat nun die Möglichkeit das Hochzeitsbild mitzugestalten, indem er einen kleinen Ausschnitt des Bildes zur Verfügung gestellt bekommt, an dem er sich mit Farbe und Pinsel „austoben" kann. Das fertige Gemeinschafts-Kunstwerk wird am Ende der Hochzeitsfeier dem Hochzeitspaar übergeben und erhält sicherlich einen schönen Platz innerhalb der Wohnung der Ehepartner. Vielleicht könnte man den Gästen sogar ein Thema vorgeben, das würde es für viele, nicht so Kreative, eventuell ein wenig einfacher machen. Klar, das naheliegendste Thema wäre natürlich die *Hochzeit*, aber dann wären wir wohl wieder an unserem Ausgangspunkt…

Die kulinarische Hochzeitserinnerung

Ein weiterer Brauch, der dem Hochzeitspaar ein paar schöne Erinnerungen beschert und sogar nützlichen Charakter aufweist ist der Folgende: Dem Hochzeitspaar wird ein Kochbuch überreicht. Aufregend, nicht war? Zugegebenermaßen: Nein! Es handelt sich jedoch nicht um ein normales Kochbuch. In diesem Kochbuch ist das Lieblingsrezept eines jeden Gastes der Hochzeitsfeier abgebildet, was es interessant macht. Die Umsetzung dazu ist kinderleicht. Es muss lediglich jemand aus dem Freundes- oder Bekanntenkreis gefunden werden, der die Organisation des Kochbuches in die Hand nimmt. Diese Person benötigt die Gästeliste für die Hochzeitsfeier und nun kann jeder der Gäste angeschrieben oder auch angerufen werden, um sein Lieblingsrezept mitzuteilen. Das Anfügen eines Fotos macht das Buch natürlich noch schöner.
In Zeiten des Email-Verkehrs erscheint diese Aufgabe unkompliziert und kann schnell erledigt werden. Die einzelnen Rezepte könnten zudem noch mit persönlichen Sprüchen oder Glückwünschen der jeweiligen Gäste ergänzt werden.

Das Hochzeitspaar selbst sollte von dem Vorhaben natürlich nichts erfahren, es soll schließlich eine Überraschung werden.

Brautkuss

Heutzutage kennt jeder die Worte des Pfarrers zum Ende der Trauungszeremonie: „Sie dürfen die Braut jetzt küssen..."
Dieser Kuss war vor langer Zeit nicht selten der erste Kuss überhaupt zwischen den Eheleuten. Der Brautkuss beruht

ursprünglich auf dem so genannten Friedenskuss des Priesters, den der Bräutigam vom selbigen empfing und anschließend an seine Braut weitergab.

Hochzeitsspalier

Das kennt wohl jeder: Familienmitglieder, Freunde oder der Sportverein stehen Spalier und bilden mit Fahnen, Stöcken oder ähnlichen Utensilien einen Durchgang oder eher einen Tunnel, durch den das Hochzeitspaar hindurchschreiten muss. Bevor der Tunnel vom Hochzeitspaar durchlaufen wird, wird traditionell ein Satinband, welches den Weg „versperrt", zerschnitten. Das Hochzeitspaar soll sich mit vereinten Kräften einen Weg durch die Hindernisse bahnen, die ja auch im weiteren Verlauf der Ehe eintreten werden. Anstelle des Satinbandes kann auch folgender Brauch Verwendung finden:

Das Herzausschneiden

Dazu wird ein großes Leinentuch benötigt, wobei sich ein Bettlaken besonders gut dazu eignet. Auf dieses wird ein großes Herz aufgemalt. Das Hochzeitspaar hat nun die Aufgabe, gemeinsam dieses Herz herauszuschneiden und anschließend durch das entstandene Loch hindurchzusteigen. Erneut wurde ein Hindernis gemeinsam aus dem Wege geräumt...äh...geschnitten. Hier gibt es natürlich einige Möglichkeiten, es dem Hochzeitspaar ein wenig schwerer zu machen. Wäre es nicht witzig, wenn dem Hochzeitspaar lediglich zwei Nagelscheren zur Verfügung gestellt würden? Das Hochzeitspaar könnte natürlich kontern, indem es mir nichts dir nichts zwei Akku-Stichsägen zieht und...meine Fantasie geht gerade mit mir durch...

Die Wegsperre

Auf dem Weg ins gemeinsame Glück hat es das Hochzeitspaar wirklich nicht immer leicht. Ob der Weg in die Kirche, zum Standesamt oder zum gemeinsamen Zuhause führt: Wegsperren begleiten das Paar. In welcher Form dies geschieht, ist regional unterschiedlich. Manchmal versperren Eisenstangen und Holzbretter den Weg, es kann jedoch auch mal komplettes Mobiliar die Weiterreise des Hochzeitspaares verhindern. Gut, Hindernisse sind dazu da, überwunden zu werden und dies geschieht meist mittels eines Wegezolls. Das Paar kauft sich den Weg frei. Dabei muss es nicht immer gezwungenermaßen Geld sein. Oft wurde auch mit Bier, Wein und Schnaps bezahlt und manchmal waren auch bestimmte Aufgaben vom Hochzeitspaar zu lösen, um den Weg fortsetzen zu können.

Das gespannte Seil

Bei diesem Brauch wird dem Hochzeitspaar der Weg aus dem Standesamt oder Kirche auf symbolische Art und Weise versperrt. Dazu wird vor dem Eingang ein Seil gespannt. Auch auf dem Land, beziehungsweise auf dem Weg ins gemeinsame Heim findet man solche Sperren, meist aufgestellt von Kindern. Bei diesem Brauch bestehen mehrere Varianten, die eines gemeinsam haben: Es werden von beiden Ehepartnern, wie beim Holzstammsägen auch, gemeinsam Hindernisse überwunden.. Hier einige Varianten:
Der Bräutigam muss versprechen, einen Wegezoll zu begleichen. Erst danach wird die Seilsperre aufgelöst und das Hochzeitspaar kann den Weg fortsetzen.

Eine andere Variante ist, dass das Hochzeitspaar das Seil gemeinsam mit einer Schere entzwei schneiden muss. Das symbolisiert Zusammenhalt, der sich hoffentlich in der Ehe fortsetzt.

Noch eine weitere Abwandlung: Vor dem Verlassen der Kirche, im Anschluss an die Trauung, versammeln sich die anwesenden Kinder vor der Kirchentür und spannen das Seil auf. Verlässt das Brautpaar nun die Kirche, muss es Geldmünzen in die Kindermenge werfen. Die Seilsperre wird daraufhin aufgehoben, solange, bis das Geld komplett eingesammelt wurde. Danach wird das Seil erneut gespannt und die hinter dem Brautpaar gehenden Hochzeitsgäste müssen sich ebenso ihren weiteren Weg „erkaufen".

Der Kammerwagen

Der Kammerwagen, bei dem es sich um einen Leiterwagen handelte und auf dem das Mobiliar des Ehepartners in das gemeinsame Heim transportiert wurde, hat heutzutage kaum noch Bedeutung. Kein Wunder, heute muss das Mobiliar meist nicht mehr in die gemeinsame Wohnung gefahren werden, es befindet sich bereits dort...Viele Paare leben schließlich mittlerweile zusammen, bevor sie sich trauen lassen. Dass das gesamte Hab und Gut eines Partners heute noch auf einen Leiterwagen Platz finden würde, wage ich zudem zu bezweifeln. Allein die 165 Paar Schuhe der Frau und die Hifi-Video-Anlage (bestehend aus 37 Komponenten) des Mannes würden da Probleme verursachen...
Sie sehen, ich liebe Klischees, aber weiter im Text.
Früher gestaltete sich der Umzug ein wenig anders und die Dorfbewohner waren stets neugierig, was denn da ins neue Heim kutschiert wurde. Das Hab und Gut sagte schließlich eine Menge über die Ehepartner aus, zumindest etwas über die wirtschaftliche Situation. Hier ein kurzer Auszug aus dem Buch *„Schwarzwälder Brauchtum im Lebensrhythmus"* von Dieter Hund, der den Umzug der Braut darstellt:

„Einige Tage vor der Hochzeit gerät das gesamte Elternhaus der Braut in Aufregung, wenn der Brautwagen den Hof verlässt, der das Aussteuergut in ihre zukünftige Heimat fahren soll. Auf mächtige Leiterwagen wird das Heiratsgut verstaut, Kästen und Kommoden, Tische und Stühle und sonstiges, was in den jungen Haushalt kommt, wird kunstgerecht auf den Fahrzeugen aufgebaut. Zuoberst werden die Betten fix und fertig aufgeschlagen;
Federbetten und Kissen mit den besten Bezügen liegen darauf, sogar der Bettüberwurf darf nicht fehlen. Oft hängt auf jeder Wa-

genseite noch eine leckere Speckseite. An den Möbelstücken hängen Kränze. Die Geschirre der Rosse, wenn solche verwendet werden, andernfalls der Bulldogg sind mit bunten Bändern verziert. Ebenso Hut und Peitsche des Fuhrmanns. Hinter dem Hauptwagen geht das Brautpaar einher und es ist sich seiner neuen Würde stolz bewußt. Teilweise wird auch noch als Brautgabe ein schönes Stück Vieh aus dem elterlichen Stall mitgeführt..."

Der Brautbecher

Liebe war es, die einen Goldschmied vor langer Zeit dazu veranlassen ließ, den Brautbecher zu entwerfen. Die Sage von Kunigunde, der Tochter eines reichen Edelmannes, und dem Goldschmied, ist vielen bekannt und der Brautbecher ist heutzutage ein Symbol für das Teilen, den Zusammenhalt, die Treue und der ewigen Liebe. Wie dieses Symbol entstand erfahren Sie in der folgenden kurzen Geschichte:

Ein junger Goldschmied verliebte sich einst in die schöne Adeligen-Tochter Kunigunde. Diese erwiderte seine Liebe, musste es jedoch vor ihrem einflussreichen Vater geheim halten. Ein Goldschmied als Gatte wäre für ihren Vater inakzeptabel gewesen. Es sollte schon ein Adeliger sein, um seiner Vorstellung eines geeigneten Ehemannes gerecht zuwerden.

Eines Tages nahm Kunigunde dennoch ihr Herz in die Hand und berichtete ihrem Vater von ihrer großen Liebe. Dieser war entsetzt, wie es auch zu erwarten war. Er reagierte und wählte den einfachsten Weg, indem er den Goldschmied einsperren ließ.
Kunigunde wurde daraufhin krank, krank vor Verzweiflung und Liebeskummer. Ihr Vater musste handeln und das tat er indem er einer Heirat zustimmte, dieses jedoch an eine Bedingung knüpfte. Der Goldschmied musste eine von ihm gestellte Aufgabe erfüllen um den Segen des Vaters zu erlangen:

Er sollte einen Becher entwerfen, aus dem beide Partner, Kunigunde und der Goldschmied, gleichzeitig trinken könnten, ohne auch nur einen Tropfen zu verschütten.

„Eine unlösbare Aufgabe", dachte sich der Vater insgeheim und war sich sicher, dass eine Hochzeit mit dem Goldschmied niemals stattfinden würde. Der Goldschmied jedoch nahm die Aufgabe an und machte sich ans Werk. Er schmiedete eine Figur nach dem Vorbild Kunigundes. Das Kleid der Figur stellte, wenn man sie umdrehte einen Becher dar. Die Figur hielt ihre Hände in die Höhe und zwischen den beiden Händen befand sich ein weiterer, kleiner Becher. Nun besaß die Figur zwei Becher, einer davon stand jedoch was man auch unternahm auf dem Kopf, was ein gleichzeitiges Trinken beider Leute unmöglich gemacht hätte.

Also behalf sich der Schmied mit einem kleinen Trick:
Er brachte den kleinen Becher zwischen den Händen der Figur so an, dass er beweglich war und sich damit dem Neigungswinkel der Figur anpassen konnte. So konnte man die Figur umdrehen und beide Becher füllen, ohne dass auch nur ein Tropfen daneben ging. Die Aufgabe war tatsächlich gelöst worden und dem Vater blieb nichts anderes übrig, als der Hochzeit zuzustimmen. So kam es. Kunigunde und der Goldschmied lebten glücklich, bis ans Ende ihrer Tage…

Soviel zur Legende. Als aus der Sage ein Brauch wurde, trank die Braut standardmäßig aus dem kleineren Becher, zwischen den Händen der Figur. Dieses Vorgehen erzürnte so manche Frauenrechtlerin.

In Skandinavien waren die Brautbecher teilweise aus Holz und was viel wichtiger war: Die zwei Becher der Figur waren gleich groß…

Maschkern

Diesen Brauch findet man heute ab und an noch in Bayern und in Teilen Österreichs. Während der Hochzeitsfeier stellen zumeist Jugendliche aus dem Wohnort des Hochzeitspaares Geschichten beider Ehepartner nach. Die Darsteller sind dabei verkleidet. Daher stammt wohl auch der Name *Maschkern*, der vom *Maskieren* abgeleitet werden könnte. Erzählt werden die Geschichten von einer als Harlekin verkleideten Person.

Welche Figur sehr häufig in den vorgetragenen Geschichten vorkommt, ist die Ex-Freundin des Bräutigams. Diese versucht in den Geschichten mit allen Mitteln, den Bräutigam von seinem Vorhaben, eine andere Frau als sie zu heiraten, abzubringen. Als Dank für dieses unterhaltsame Schauspiel winkt den Protagonisten eine Mahlzeit auf der Hochzeitsfeier.

Kannenlauf

Dieses Ereignis fand in Westfalen unmittelbar nach der Trauung statt. Auch heute sieht man den Kannenlauf noch in einigen Gegenden. Die Dorfbewohner sammelten sich dazu vor der Traukirche und dann ging es sportlich zu: Es begann ein Wettlauf zum Haus der Braut. Dem Sieger dieses Rennens winkte eine Kanne, die aus Zinn, Blech oder auch Silber bestand. Gestiftet wurde der Preis vom Vater der Braut. Auch der zweite Sieger ging nicht leer aus. Er erhielt für seine Bemühungen einen Besen, der von der Braut höchstpersönlich gebunden worden war. Im Anschluss des Wettlaufs wurde selbstverständlich ausgiebig im und vor dem Hause des Brautvaters gefeiert.

Burschenlauf

Ähnlichkeiten zum Kannenlauf sind bei diesem Brauch unverkennbar. Den Burschenlauf findet man heute ab und an noch in Bayern. Dabei geht es grob gesagt darum, dass der Bräutigam Abschied nimmt, und zwar Abschied aus dem Kreis der Junggesellen. Diese Freiheit muss natürlich erkauft werden. Also spendet der Bräutigam dem Sieger des auf einer abgesteckten Strecke stattfindenden Wettlaufs, an dem alle Junggesellen der Hochzeitsgesellschaft teilnehmen, einen kleinen Preis. Was passt da wohl besser, als ein Freibier? Genau, darum ging's...

Hochzeitstauben

Die weißen Hochzeitstauben waren schon immer ein Symbol für Frieden, Liebe und Glück. Zutaten, die auch einem Hochzeitspaar nicht unbedingt schaden. Das wusste man bereits in der Antike, als vor dem Himmelswagen Aphrodites, der Liebesgöttin, Tauben gespannt wurden.
Heute wird meist so verfahren, dass nach der Trauung ein Korb vor dem Standesamt oder der Kirche platziert wird, in dem sich die Tauben befinden. Bevor der Deckel des Korbes geöffnet wird und die Tauben in den Himmel steigen dürfen, wird meist noch ein Gedicht vorgetragen. Der Ablauf variiert natürlich, aber zwei Punkte sollten beachtet werden, wenn man den Tauben nicht schaden will:

1. Das Freilassen der Tauben sollte spätestens eine Stunde vor Sonnenuntergang erfolgen.
2. Die Tauben sollten nur bei schönem Wetter freigelassen werden, bei Temperaturen über 5 Grad und unter 30 Grad Celsius.

Sollten diese Punkte nicht eingehalten werden, könnte es passieren, dass der Orientierungssinn der Tauben beeinträchtigt wird. Die Tauben gelten als die Boten des Glücks und nichts wäre wohl fataler, als diese ins Unglück zu schicken...

Einen Baum pflanzen...

Es wird behauptet, dass im Leben eines Mannes vier Dinge wichtig sind:

1. Heiraten
2. Geburt des Kindes
3. Ein Haus bauen
4. Einen Baum Pflanzen

Einen Baum zu pflanzen, dazu entscheiden sich viele Paare am Tage ihrer Hochzeit oder auch danach. Diese Aktion symbolisiert gleich zwei Dinge. Zum einen verdeutlicht es die Verbundenheit, aus dem gemeinsamen Handeln etwas Neues entstehen zu lassen. Zum anderen können Parallelen auf die Ehe gezogen werden, da es um das Wachsen und Gedeihen geht. Auch die Ehe gewinnt an Reife, Tag für Tag, Woche für Woche und Jahr für Jahr. Mit der Zeit wächst die Stabilität, ähnlich wie beim Baum, dessen Wurzeln ihn aufrecht erhalten.

Was viele Menschen gar nicht wissen: Das Pflanzen eines Baumes war vor langer Zeit, nach dem dreißigjährigen Krieg, in vielen Gemeinden Pflicht! Ziel dieser Verordnung war, die Holzverwüstung, die aus dem Krieg resultierte, wieder auszugleichen. Teilweise war man(n) verpflichtet, bis zu 30 Eichen zu pflanzen. Mitte des 19. Jahrhunderts wurde diese Pflicht wieder abgeschafft.

Heute ist es ein toller Brauch, der zunehmend beliebter wird. Einige Städte haben spezielle Hochzeitswäldchen angelegt, wo Hochzeitspaare „ihr" Bäumchen gegen einen geringen Betrag selbst einpflanzen können. Auf dem Bild sehen Sie eine Anmeldekarte der Stadt Hamm zur Beantragung einer Pflanzung.

Nun ist Baum jedoch nicht gleich Baum, daher befassen wir uns im Folgenden mit den beliebtesten Hochzeitsbäumen:

Eiche

Die Eiche symbolisiert Kraft und Beständigkeit. Aus mythologischer Sicht hat sie einen engen Bezug zu Jupiter. Die starken Eigenschaften der Eiche lassen sich auch auf die Ehe übertragen. Standfestigkeit ist eine dieser Eigenschaften. Diese Festigkeit erlangt die Eiche durch ihre langen, tiefen Wurzeln, die sich tief in die Erde bohren. Dadurch wird Wind und Wetter getrotzt und die Basis für ein langes und anhaltendes Dasein gelegt.

Weide

Die Weide ist Bestandteil vieler romantischer Gedichte. Nicht, weil sich so unglaublich viel auf das Wort Weide reimt, sondern aufgrund ihrer anmutigen Schönheit und der Ruhe, die sie austrahlt. Selbst Eifersucht soll dieser Baum heilen, obwohl ein wenig davon ja nicht schaden kann...

Birke

Wir haben lange nicht über Geister gesprochen, also tun wir das jetzt. Diese sollten nämlich bereits im alten Rom von den Birken auf Distanz gehalten werden und damit die Einwohner schützen. Ganze Landstriche wurden daher mit Birken bepflanzt, um „auf der sicheren Seite" zu sein. Der Baum beginnt jedes Jahr als erster zu treiben und wird mit den Jahren immer stabiler. Wie die Ehe, die aus einer anfänglichen Verspieltheit mit der Zeit an Kraft und Stabilität hinzu gewinnt und den Alltag damit meistert.

Eberesche

Diesen Baum bezeichnet man auch als den „Lebensbaum" und er steht für ein langes, unbeschwertes (Ehe-)Leben. Zudem soll die Eberesche vor bösen Hexen schützen und, aufgrund der Beeren, heilende Kräfte besitzen.

Der Kindsbaum

Diesen Brauch sieht man noch sehr häufig in Bayern. Beim Kindsbaum handelt es sich um einen, mit Baby-Artikeln geschmückten, weiß-blau bemalten Baumstamm. Auf der Spitze des bis zu zehn Meter hohen Stammes wird oftmals ein Storch aus Kunststoff angebracht, ein weiteres Symbol für anstehenden Kindersegen. Mit dem Kindsbaum wird das Hochzeitspaar nochmal höflichst daran erinnert, doch bitte innerhalb eines Jahres ein Kind zu zeugen! Eine kleine Gedichttafel, die ebenfalls am Kindsbaum befestigt wird, soll dieses noch weiter verdeutlichen. Auch wenn es dem Brautpaar nicht gelingt, diesem Aufruf zu folgen: Ein Jahr nach der Aufstellung des Stammes trifft man sich erneut und feiert das Beisammensein, ob mit oder ohne Schwangerschaft...

Das Hochzeitsmahl

Auch hier finden wir einige interessante, regional unterschiedlich Bräuche. Wie wir bereits festgestellt haben ging es häufig darum, die Braut vor bösen Geistern zu schützen. Gerade auf der Schwelle von einem Lebensabschnitt zum nächsten, also dem Hochzeitstag, sahen die Geister ihre große Chance, so meinte man zumindest. Also galt es an diesem Tage in besonderem Maße, Vorsichtsmaßnahmen für die Braut zu treffen.

In einigen Gegenden, auch außerhalb Europas, wurden die Stuhllehnen des Stuhls auf dem die Braut während des Hochzeitsmahls saß, mit Scherben von Spiegeln beklebt. Die Geister sollten dadurch von ihrem eigenen Spiegelbild abgeschreckt werden. Auch kleine Glöckchen wurden manchmal an den Stühlen angebracht. Der Klang der Glocken war den Geistern ebenfalls nicht geheuer und so gab es eine weitere Abwehrmaßnahme.

In vielen Gaststätten findet man auch noch den Herrgottswinkel, ein kleines Eckchen innerhalb des Gastraumes. Dieser christlich geschützte Bereich war oftmals der Ort, an dem die Braut ihr Hochzeitsmahl zu sich nahm. Die Kerzen auf dem Tisch sorgten ebenfalls

dafür, die Geister „auf Abstand" zu halten. In einigen Gegenden sollte die Braut zudem von einem so genannten Hochzeitsteppich geschützt werden, auf dem während des Hochzeitsmahls die Füße der Braut ruhten.
Im alten Rom wurden die Stühle der beiden Brautleute, um die Symbolik noch mehr zu verdeutlichen, aneinander gebunden.

Gastgeschenke – Hochzeitsmandeln und Co

Der Tag der Hochzeit kann zu einem unvergesslichen Tag werden. Doch was wäre eine Hochzeitsfeier ohne Gäste? Sicherlich ebenfalls unvergesslich, es wird wohl die ruhigste Party Ihres Lebens oder vielleicht haben Sie ja auch ein bestimmtes Motto für die Hochzeitsfeier, etwa „Wir beide auf einer einsamen Insel" oder Ähnliches…
Da dieses wohl kaum zutreffen wird, kann es nicht schaden, den Gästen zu danken. Zu danken für die tollen Geschenke und vor allem für ihr Erscheinen bei der Hochzeitsfeier. Gastgeschenke sind nicht nur eine faire Geste, sondern auch eine schöne Erinnerung für die Gäste an einen hoffentlich schönen Tag. Bei den Gastgeschenken spricht man auch trendigerweise von wedding favours.

Die Auswahl an Hochzeitsgastgeschenken ist sehr groß, aber zu den zeitlosen Klassikern gehören unzweifelhaft die Hochzeitsmandeln. Der Brauch des Verschenkens von Mandeln während der Hochzeitsfeier stammt eigentlich aus Italien. Dort wurden traditionell fünf Mandeln in einem Tüll-Päckchen verschenkt. Warum gerade Mandeln fragt man sich da, oder?
Mandeln standen als Symbol für das Leben, süße, glückliche Phasen wechseln sich ab mit Phasen, die nicht so schön sind und einen eher bitteren Geschmack hervorrufen. Zusätzlich steht jede der fünf Mandeln für eine Eigenschaft:

1. Gesundheit
2. Wohlstand
3. Glück
4. Fruchtbarkeit
5. Ein langes Leben

Das verwendete Tüllsäckchen verdient ebenfalls eine Erklärung: Zu Zeiten König Ludwigs XIV war es Tradition, den Gästen einer Hochzeit eine kleine Schachtel mit Naschwerk zu überreichen. Die kleinen Schächtelchen bestanden nicht selten aus Gold oder Silber. Für finanziell nicht so gut stehende Leute war es also beinahe unmöglich, diesen Brauch aufzunehmen, aber sie wussten sich zu helfen. Anstatt auf edles Metall zurückzugreifen wurden einfach Reststücke der Brautkleidung in kleine runde Stücke geschnitten. Auf diese legte man die Mandeln, bevor man den Stoff mit einem Bändchen, meist aus Seide, zusammenband.

Es müssen jedoch nicht immer nur Mandeln sein. Auf der Seite www.Erinnerungsgeschenk.de findet man beispielsweise eine recht große Auswahl an bedruckten Schnaps- Sekt- oder Weingläsern, welche bei den Gästen für eine schöne Erinnerung sorgen könnten.  Auf den Gläsern können beispielsweise die Namen des Hochzeitspaares und das Hochzeitsdatum angebracht werden. Außerdem hat man hier viele Möglichkeiten, die Gastgeschenke auf der Hochzeitsfeier „einzusetzen". Die bedruckten Gläser können beim Sektempfang dienen oder auch, was die Schnapsgläser angeht, zum gemeinsamen Anheben der Gläser nach der Hochzeitsrede Onkel Gustavs... Zudem können die Gläser auch als Platz- oder Kartenhalter dienen. Weitere Möglichkeiten für Gastgeschenke:

- Schnappschüsse von allen Gästen die mit einer Sofortbildkamera geschossen wurden und gegen Ende der Feierlichkeiten an die Gäste verteilt werden.
- Kleine Töpfchen mit Rosmarin, der Hochzeitspflanze die für ewige Liebe und Fruchtbarkeit steht (...und zudem ebenfalls als Platz- oder Kartenhalter verwendet werden kann).
- Sekt- oder Weinflaschen mit einem speziell von den Brautleuten angefertigtem Etikett.

Die Hochzeitszeitung

Auch das Verteilen einer Hochzeitszeitung ist in einigen Teilen Deutschlands ein beliebter Brauch. Über das Gestalten einer Hochzeitszeitung bestehen ganze Bücher. In jedes Detail der Gestaltungsmöglichkeiten einzugehen würde den Rahmen dieses Buches sprengen. Dennoch möchte ich hier einige wichtige Punkte zur Gestaltung nennen. Die oberste Regel: Nicht langweilen!
Eine Hochzeitszeitung sollte uns einiges über das Brautpaar erzählen, es steht jedoch nirgendwo geschrieben, dass Humor verboten wäre, deshalb können die Beiträge innerhalb der Zeitung auch gerne ironisch oder auch provokant ausfallen, solange der Humor nicht unter die Gürtellinie geht. Einige, wie Onkel Gustav, tragen die Hose übrigens über dem Bauchnabel, also Vorsicht!
Mit der Produktion der Hochzeitszeitung sollte möglichst früh begonnen werden, da der Organisationsaufwand hoch ist. Schließlich muss zunächst eine Menge recherchiert werden und auch die richtigen, passenden Fotos wollen erst mal gefunden werden. Die Zeitung kann selbst gedruckt und gebunden werden, was gar nicht so schwer ist, oder man überlässt dies den Profis, die sich auf Hochzeitszeitungen spezialisiert haben.

Es sollte genau überlegt werden, *wann* die Hochzeitszeitung verteilt wird. Hier wird oft der „Fehler" begangen, dass die Zeitungen zu früh verteilt werden. Hier wird eine so aufwendig, mit viel Liebe gestaltete Zeitung zum Problemfall, denn der weitere Ablauf der Feierlichkeiten gerät aus dem Zeitplan, da die Hochzeitsgäste sich mehr für die Hochzeitszeitung interessieren und um sich herum nun erstmal alles vergessen. Ein späterer Zeitpunkt, oder vielleicht auch der Moment der Verabschiedung, wäre eine bessere Alternative zum Verteilen.

Kommen wir aber nun zum wichtigsten Teil der Zeitung, dem Inhalt. Einige Punkte sollten auf jeden Fall einen Platz in der Hochzeitszeitung finden, und zwar Steckbriefe, Fotografien und Geschichten aus dem Leben der Heiratenden. Ganze Fotoserien, die das Hochzeitspaar von der Kindheit bis zum Tag der Hochzeit verfolgen sind ebenfalls sehr beliebt. Soviel zum „Standard", aber ein außergewöhnlicher Tag verlangt schließlich auch Außergewöhnliches und daher sollte der Spielraum, der einem bei der Gestaltung einer Hochzeitszeitung geboten wird, auch genutzt werden. Hier eine (längst nicht vollständige) Auflistung von Stichworten, die in der Hochzeitszeitung behandelt werden können:

- Die zehn Gebote der Ehe
- Liste der anwesenden Hochzeitsgäste
- Persönliche Worte der Gäste an das Hochzeitspaar
- Rede des Brautvaters
- Horoskope der Brautleute
- Was am Tag der Hochzeit anderswo geschah
- Psychotest
- Zitate zum Thema Hochzeit
- Rätsel
- Cartoons
- Gedichte

Diese Liste könnte man nun noch über weitere Seiten fortsetzen, ich halte es jedoch für sinnvoller, Ihnen einige Anlaufmöglichkeiten im Internet zu geben. Dort finden Sie weiterführende Adressen und zahlreiche Texte, Gedichte und Zitate, die für die eigene Hochzeitszeitung nützlich sein könnten.

Gedanken einer Frau zur Hochzeit

Nun endlich! Ja man glaubt es kaum,
nun wird er doch noch wahr der Traum.
Er hat gefragt! Ja, ihr dürft jubeln
auch wenn er dabei kam ins strudeln.
Musst ich auch lange warten drauf,
das Schicksal nimmt nun seinen Lauf.

Doch weh, was gibt es alles zu bedenken!Von Musik, Essen zu Geschenken.Wird das Kleid mir auch gut stehen?Und sind die Pfunde nicht zu sehen?Wird es nun weiß oder doch cremé?Und wird's gekauft? Wenn ja, von wem?

Die Haare lang oder gesteckt?
Die Falten durch Make-up versteckt.
Welches Muster soll die Fingernägel zieren?Und werde ich den Schleier nicht verlieren?Die Ringe rot, gelb oder weiß?
Vom Denken wird mir schon ganz heiß!

Wie wird das Wetter sich verhalten?
Gibt's warmen Braten? Oder kalten?
Werd ich im Kirchengang wohl fallen?
Und mich an meinen Liebsten krallen?
Wird die Musik auch zu uns passen?
Ach, wie sieht ER das so gelassen!

Muss ich mich ja um alles kümmern,
sonst liegt die Welt wohl bald in Trümmern!Ich will vom Besten nur das Beste,es wird ja auch das Fest der Feste!
Schaff ich das auch? Frag ich mich bang.Es ist ja schließlich nicht mehr lang!

(© Ramona Scheidecker)

Gedanken eines Mannes zur Hochzeit

Ich hab gefragt! Ich bin ein Held!
Den schönsten Antrag auf der Welt!
Ich hab's gewagt, ich bin bereit.
Und das schon nach so kurzer Zeit!
Nun kann es losgehn, eins, zwei drei,
dann ist das Fest auch schon vorbei.

Doch mach auch ich mir so Gedanken,
die bringen mich dann leicht ins Wanken.Wenn ich mein Weib geschäftig seh, schmilzt das Ersparte weg wie Schnee.Doch sag ich dann „das braucht's doch nicht!"Springt sie mir beinah ins Gesicht!

Dann will sie Punkte noch verhandeln,
und große Traditionen wandeln!
Sagt sie doch „Schatz, wenn du mich liebst,du deinen Namen gern aufgibst!"
Da fehlte mir ein Argument,
so hab ich mich davon getrennt.

Nun gut, bei unsrem nächsten Streit,
war ich gewappnet und bereit.
Werd ich doch keine Kutsche lenken,
was soll'n die Kumpels von mir denken?!?Und auch beim tanzen dann zu zweit,bin ich zum Walzer nicht bereit!

Doch finde ich auch viel „unnütze",
bin ich IHR eine große Stütze!
Helf ich doch immer wo ich nur kann,
denn dazu hat man einen Mann!
Nur schalt ich runter einen Gang,
es ist ja schließlich noch so lang!

Nach der Hochzeit...

Bräuche nach der Hochzeit

Über die Schwelle tragen

Das Böse lauert überall, da brauchen wir uns gar nichts vormachen. Besonders böse Geister verstecken sich unter Türschwellen und warten darauf, in die Wohnung des Hochzeitspaares zu gelangen. Gerade in der Hochzeitsnacht warten die Bösesten der Bösen auf die richtige Gelegenheit. Diese wird vereitelt, wenn die Braut vom Bräutigam über die Schwelle getragen wird. Es gilt als böses Omen, wenn die Braut beim Überqueren der Türschwelle stolpert. Das wird somit verhindert und deshalb: Pech für die Geister und Muskelkater für den Bräutigam. Ein guter Kompromiss...

In China hatte die Türschwelle ebenfalls eine große Bedeutung, allerdings die des Elternhauses: Wenn diese am Hochzeitstag von der Braut berührt wurde, war das ein schlechtes Omen für die Zukunft der Eheleute, da die Braut damit einen unüberwindlichen Zwang hatte, immer wieder zum Elternhaus zurückzukehren.

In Polen durfte die Braut ruhigen Gewissens über die Türschwelle des zukünftigen Zuhauses treten, allerdings „bewaffnet" mit einem Brot, einer brennenden Kerze und einem Heiligenbild. Es handelt sich bei den Gegenständen um Symbole der Sicherheit und des Segens.

Hochzeitsnacht

Bei dem Begriff Hochzeitsnacht könnte man glatt behaupten, dass es sich um ein modernes Wort handele. Schließlich existiert der Begriff gerade mal seit etwa 100 Jahren. Davor sprach man von der so genannten Brautnacht. Längst hat sich auch die Bedeutung der Hochzeitsnacht gewandelt. Vor langer Zeit handelte es sich noch um die Nacht, in der feierlich die Ehe vollzogen wurde, und Gültigkeit erlangte. Die Brautnacht musste nicht gezwungenermaßen im direkten Anschluss an die Hochzeitsfeier stattfinden. Der Brauch war mit vielen, regional unterschiedlichen Ritualen verbunden. In einigen Gegenden mussten Zeugen anwesend sein, wenn die Brautleute zum ersten Mal das Ehebett aufsuchten. Teilweise wurde das Ehebett vorher mit Weihwasser bespritzt. Schließlich hatten böse Geister dort nichts zu suchen…

Heute ist die Hochzeitsnacht noch immer ein großer Moment. Man könnte es beinahe mit einer After-Show-Party vergleichen, auf der nur die VIPs Zutritt haben. Richtig, die VIPs sind in dieser Nacht unzweifelhaft die Brautleute. Zu einer Party gehört natürlich Spaß und hier kommen wir zu einem kleinen Problem: Spaß ist relativ. Was die einen für Spaß halten, könnte für andere genau das Gegenteil bedeuten. Spaß haben heutzutage auch die Freunde und Bekannten der Brautleute. Diese sorgen nämlich heutzutage mit allen Mitteln dafür, dass es den frisch Verheirateten nicht so einfach gelingt, sich vom Trubel der Hochzeitsfeierlichkeiten zu erholen. Für viele Paare fängt der Trubel nämlich jetzt erst richtig an…
Die geschafften Eheleute haben mit allerlei Überraschungen zu rechnen. Wer gerne überrascht wird, sollte den folgenden Punkt überspringen. Es gibt zahlreiche Möglichkeiten, dem Hochzeitspaar einige schöne Streiche zu spielen unter anderem diese hier:

- Die Wohnung mit Luftballons befüllen
- Toilettenpapier durch die gesamte Wohnung spannen
- Glühbirnen aus den Lampen entfernen
- Türklinken abschrauben
- Mehrere Wecker auf unangenehme Uhrzeiten stellen und verstecken
- Salz und Zucker vertauschen
- Ehebett in seine Einzelteile zerlegen und das Werkzeug zum Wieder-Zusammen-Bauen daneben legen
- Uhren verstellen
- Mit Lippenstift die Fensterscheiben bemalen
- Schlüssel einfrieren (wenn möglich nicht der Schlüssel der Toilette…)
- Brennnesseln in der Wohnung verteilen

Hier können sich Menschen mit Fantasie also mal so richtig austoben, ABER: Man sollte hier nicht übertreiben! Wie gesagt, Spaß ist relativ und nach einem anstrengenden, wenn auch wunderschönen Hochzeitstag, darf man dem Hochzeitspaar auch gerne mal etwas Ruhe gönnen…

Vorsorgenderweise könnte das Hochzeitspaar auf die eigenen vier Wände verzichten und die Hochzeitsnacht in einem schönen Hotel verbringen.

Morgengabe

Bei der Morgengabe handelte es sich um ein Geschenk, welches die Braut nach der Hochzeitsnacht vom Bräutigam erhielt. Die Morgengabe hatte den Zweck, die Braut abzusichern, wenn der Bräutigam starb. Es war also eine Art finanzielle Absicherung.

Eine andere Variante, die auch heute noch Anwendung findet ist, dass die Braut die Morgengabe von der Schwiegermutter erhält. Dabei handelt es sich häufig um Schmuck, den die Schwiegermutter an ihrem Hochzeitstag von ihrer eigenen Schwiegermutter bekam. Der Brauch soll verdeutlichen, dass die Braut ab jetzt zur Familie des Bräutigams gehört.

Im islamischen Recht spielt die Morgengabe noch heute eine große Rolle. Gefordert wird sie im Falle der Scheidung, zur Absicherung der Frau. Das macht eine einseitige Scheidung seitens des Mannes schwieriger.

Der Kellentanz

Heutzutage geht das frisch gebackene Hochzeitspaar in der Regel allein nach Hause, beziehungsweise ins Hotel. Früher war das ganz anders, aber da gab es auch noch mehr von diesen (ich weiß nicht, ob ich es in diesem Buch bereits erwähnt habe) bösen Geistern. Da musste gehandelt werden, um auch die letzten Geister, die es über die Türschwelle ins Innere der neuen Wohnung des Hochzeitspaares geschafft haben, zu verscheuchen. Dies gelang durch Lärm. Viel Lärm! Also zog die Hochzeitsgesellschaft los, ausgerüstet mit Kochtöpfen und Kellen, um in der Wohnung des Hochzeitspaares richtig Krach zu machen.

Ob dieser Brauch heute noch Anwendung findet, ist wohl auch abhängig von den Nachbarn, beziehungsweise deren Verständnis von Toleranz.

Das Hahnholen

Den Brauch des Hahnholens fand und findet man häufig im Münsterland, auch wenn sich der Ablauf dieses Rituals mit den Jahren verändert hat, was auch gut ist, wie wir gleich feststellen werden. Am Tag nach der Hochzeit trafen sich alle Personen, die an der Umsetzung der Hochzeitsfeier beteiligt waren und weitere Gäste bei den Eltern der Braut. Dort wurde noch einmal gemeinsam gegessen, zumeist Überreste des Hochzeitsmahls. Das Wort Hahnholen hat folgenden Ursprung: Damals wurde das Hochzeitspaar am Tag nach der Hochzeit zu einem langen Spaziergang eingeladen. Auch ein Hahn begleitete diesen Ausflug und lief neben den Verheirateten her. Dem Hahn wurde Alkohol zugeführt und im Anschluss des Spaziergangs landete er in einer Suppe, die mit den anderen Gästen gemeinsam gegessen wurde. Keine schöne Geschichte die glücklicherweise auch kaum noch Nachahmer findet...

Das rote Bettlaken

Im Mittelalter herrschte die Sitte, dass nach vollzogener Ehe, also nach der Hochzeitnacht, das blutige Bettlaken zur Schau gestellt wurde. Dieses Laken bewies nicht bloß, dass die Frau „rein" in die Ehe gegangen war, sondern war für die anderen Dorfbewohner auch ein untrügliches Zeichen dafür, dass eine rechtsgültige Ehe vollzogen wurde.

Drei alte Hexen...

Nach einem alten Glauben erschienen sechs Tage nach der Hochzeit drei Hexen am Haus des Hochzeitspaares. Sie kamen nicht, um mit den Verheirateten gemütlich einen Kaffee zu trinken, sondern legten an diesem Tag die Zukunft des Hochzeitspaares fest. Um die Hexen zu beeinflussen und milde zu stimmen, stellte das Paar mehrere Gegenstände, die symbolischen Charakter hatten, vor die Haustür, ans Fenster oder auch auf den Balkon oder die Terrasse. Bei den Gegenständen handelte es sich um eine Rose, ein Stück Brot und ein Glas Rotwein, stellvertretend für Liebe, Wohlstand und Gesundheit.

Flitterwochen und Honeymoon

Endlich geht es, nach all dem, wenn auch angenehmen Trubel der Hochzeitsfeierlichkeiten nur noch um eines: Entspannung...
Diese Entspannungfindet man, wir wissen es alle, am besten im Urlaub, wobei Flitterwochen am Ballermann nicht wirklich entspannend sein dürften...

Das *Flittern* stammt vom mittelhochdeutschen vlittern, was wiederum soviel wie flüstern, kosen oder kichern bedeutet. Die Flitterwochen hatten jedoch nicht immer gezwungenermaßen etwas mit einer Hochzeitsreise zu tun. Das Verreisen innerhalb der Flitterwochen kam erst im 19. Jahrhundert so richtig in Mode. Vorher war es teilweise eher eine Zeit des „Kennenlernens" zwischen beiden Partnern. Wenn es um das Verreisen geht, muss auch bedacht werden, dass das Reisen über Land in damaliger Zeit alles andere als ungefährlich war.
Im Mittelalter war die Zeit der Flitterwochen jene Zeit, in der die Braut schwanger werden sollte. Die Flitterwochen hatten dabei den Zeitraum eines Mondzyklus. Heutzutage verreisen etwa 75 Prozent der frisch Verheirateten und diese Dinge sind wohl längst vergessen, eher stellt man sich die Frage *wann* man verreist und vor allem *wohin*?

Dank des Internets haben wir heute natürlich auch viel einfachere Möglichkeiten, unsere Hochzeitsreise zu planen. Im Netz findet man zahlreiche Anbieter, die sich speziell mit Hochzeitsreisen befassen.

Uns zieht es gewöhnlich in die Ferne. Möglichst weit. Jedoch finden wir auch in unmittelbarer Nähe tolle und teilweise sehr kuriose Orte, wie etwa das Eh'häusl, dass von sich behauptet, das kleinste Hotel der Welt zu sein. Ebenso kurios ist auch die Entstehungsgeschichte des kleinen Gebäudes:

Im Jahr 1728 war es nicht einfach zu heiraten. Zumindest nicht, wenn man über keinen Grundbesitz verfügte, was als Voraussetzung für eine Ehelichung galt.

Nun gibt es böse Geister, die nicht gerade vor Intelligenz strotzen, wie wir in diesem Buch bereits gelernt haben und Menschen, die ein wenig mehr „drauf" haben, wie etwa der findige bayrische Geschäftsmann Karl Albrecht, der in der Seminargasse in Arnberg eine etwa zweieinhalb Meter große Lücke zwischen zwei Häusern ausfindig machen konnte und aus diesen zweieinhalb Metern die Grundvoraussetzung für eine Hochzeit gestaltete: Ein Haus. Grundbesitz also. Nirgendwo war die Rede, wie groß denn der Grundbesitz ausfallen musste um der Stadt gerecht zu werden. Also baute der clevere Kerl einfach zwei Mauern an, vorne und hinten und knallte ein Dach darauf, fertig war das Gebäude. Dieses verkaufte er an die heiratswilligen Paare, welche es nach der Trauung wieder veräußerten und zwar an die nächsten Hochzeitswilligen. Derer gab es genug und das Häuschen wechselte recht schnell wieder den Besitzer. Ein späterer Besitzer des Hauses brachte die folgende Inschrift an:

> *Wollte man ein Mägdleinfrei'n*
> *Musst man Hausbesitzer sein.*
> *Drum erwarb man dieses Haus,*
> *hernach flog man wieder raus.*

Das Gebäude besitzt auch heute noch seinen Namen und strotzt nur so vor Luxus, den man beim ersten äußeren Anschein gar nicht erwarten mag. Der einzige Nachteil des Hotels: Es könnte schwierig werden zu reservieren, da das Hotel oft ausgebucht sein dürfte. Kein Wunder, bei einer Gesamt-Kapazität von zwei Personen…
Kommen wir nun zu dem Begriff Honeymoon. Was sich nach einem weiteren James-Bond-Titel anhört beruht auf einem alten Brauch: Nach der Hochzeit trank das Hochzeitspaar über einen Zeitraum von einem Monat täglich ein Glas Honigwein. In dieser Zeit lernten sich viele Paare erst richtig kennen. Der Honigwein sollte für Auflockerung sorgen und dem Paar die Nervosität nehmen. In späteren Jahren verband man die Honeymoon-Zeit, allerdings vorerst nur in der Oberschicht, mit einer langen Reise, die durchaus auch gerne mal einen ganzen Monat andauern konnte.

Wohin auch immer das frisch vermählte Paar reisen wird, wichtig ist nach den Feierlichkeiten zunächst das hier…

Hochzeitsjubiläen

Eine Ehe befindet sich im ständigen Wandel. Es wird immer wieder zu Meinungsverschiedenheiten kommen. Das ist normal und es ist auch gut so, denn so entwickelt sich die Beziehung weiter. Die Beziehung gewinnt mit den Jahren an Stabilität und Reife. Die Hochzeitsjubiläen sollen diese Entwicklung widerspiegeln, doch was steckt hinter den Begriffen, neben der *Silbernen-* oder der *Goldenen Hochzeit*? Was ist mit der *Nickel-*, *Porzellan-*, und *Rubinhochzeit* und all den anderen Hochzeitsjubiläen? Hier die Antworten...

9 Monate – Bierhochzeit
Dieses Jubiläum ist bei uns noch nicht so bekannt. Am Tag der Bierhochzeit sind die Gäste der damaligen Hochzeitsfeier gefragt, die das Hochzeitspaar mit einem Besuch überraschen sollen. Jeder Gast sollte dabei ein anderes Bier mitbringen. Dabei wäre es optimal, wenn der Anfangsbuchstabe der Biermarke mit dem Anfangsbuchstaben des Gastes übereinstimmen würde. Für dieses Jubiläum gibt es zwei Gründe:
Zum einen soll das Bier die Spritzigkeit der noch frischen Ehe widerspiegeln. Zum anderen hat es den Zweck, eine noch immer nicht bestehende Schwangerschaft zu fördern. Ob Alkohol die Lösung ist, sei dahingestellt, wenn es so sein sollte, wäre es irgendwie sehr schade... Es liegt an Ihnen, für welche der beiden Varianten Sie sich entscheiden.

1 Jahr - *Baumwollene Hochzeit*

Nach dem Prunk des großen Tages ist es nun Zeit für Praktisches und was ist schonpraktischer als Bettwäsche oder Geschirrtücher? Womöglich sogar aus Baumwolle? Richtig.

> *Aus dem Tagebuch der Anais Nin*
> *1. März 1924:*
> *Genau heute vor einem Jahr streifte mein Liebster mir einen goldenen Ring über den Finger und versprach, mich zu lieben und mir treu zu sein. Er hat mein Leben mit Zärtlichkeit erfüllt, meine Tage mit Küssen gesegnet und die Nächte mit Träumen, und ein Jahr ist vergangen, ohne dass es durch das geringste Missverständnis getrübt worden wäre. Noch nie hat es einen hingebungsvolleren Ehemann, einen eloquenteren Liebhaber, einen treueren Freund und Gefährten gegeben. Er ist so stark, so bescheiden, so loyal! Ich kann nicht umhin, zurückzuschauen, und in jedem Tag entdecke ich etwas Liebevolles, jeden Tag hat er mich geliebt. Und jetzt hoffe ich, dass ich ihn glücklich mache, dass ich ihn habe fühlen lassen, wie geliebt er ist, dass ich ihm genau so viel bedeute, wie er mir. Ich bin heute glücklich, nur weil er mir gesagt hat, seine Augen mir gesagt haben, wie wahrhaft glücklich er ist...[...]*

3 Jahre - *Lederne Hochzeit*

Unbearbeitetes Leder benötigt eine gewisse Zeit, bis es anschmiegsam und tragbar ist, sich angepasst hat. Es ist zudem reißfest und trotzdem dehnbar. So sollte es auch in der Ehe sein. Nach drei Jahren soll etwas Harmonisches, Passendes entstanden sein.

5 Jahre - *Hölzerne Hochzeit*

Holz ist beständig. Die Ehe auch. Oftmals zumindest. Am Tag der hölzernen Hochzeit wird das Haus, wenn einem ein solches zur Verfügung steht und man der Tradition gerecht werden will, mit Holzspänen ausdekoriert. Außerdem schenkt man sich Gegenstände aus Holz. Ein schönes Geschenk wäre beispielsweise ein Bilderrahmen aus Holz mit einem Hochzeitsfoto. Außerdem wäre an diesem Tag auch die richtige Gelegenheit, einen alten Brauch aufleben zu lassen, den wir bereits besprochen haben: Einen Baum pflanzen!

6 ½ Jahre - *Zinnerne Hochzeit*

Das „verflixte siebte Jahr" ist angebrochen und Sie sind, wenn Sie diesen Tag feiern, anscheinend immun gegen diesen Aberglauben. Verflixt und zugenäht, was hat das nun mit der Zinnernen Hochzeit zu tun? Eigentlich gar nichts. Bei der Zinnernen Hochzeit geht es darum, dass die Ehe und sei sie noch so harmonisch, ab und an aufpoliert und wieder auf Hochglanz gebracht werden sollte.

7 Jahre - *Kupferne Hochzeit*

Venus, die Göttin der Liebe, hatte ein „Lieblingsmetall": Kupfer. Was spricht also dagegen sich mit der Liebesgöttin, der Hüterin über glückliche Paare zu verbünden. Eine Kleinigkeit aus Kupfer, etwa ein Kupferpfennig, wäre als symbolisches Geschenk genau das Richtige um auch für die noch kommenden Jahre das Glück heraufzubeschwören. Aber mal so nebenbei: Was kann Sie jetzt noch aufhalten? Sie haben das „verflixte siebte Jahr" bereits überstanden.

8 Jahre - *Blecherne Hochzeit*

Wenn die Ehe zur Gewohnheit wird muss gehandelt werden. Nach acht Jahren Ehe kann eine kleine Auffrischung nicht schaden. Traditionell wird bei der Blechernen Hochzeit auch auf blecherne Geschenke zurückgegriffen, das hätte Sherlock Holmes nicht besser kombinieren können, ich weiß... Häufig werden Kuchenformen oder Backbleche verschenkt, aber der Fantasie sind natürlich keine Grenzen gesetzt. Ehe ich es vergesse, ein kleiner Rat an alle frisch Vermählten: Versuchen Sie es bei einem Ehestreit bloß nicht mit der Ausrede " *Wir sollten bis zur Blechernen Hochzeit warten, bevor wir es mit einer Auffrischung unserer Beziehung versuchen..."* Das könnte fatale Folgen haben...

10 Jahre - *Bronzene oder Rosenhochzeit*

Die Rose soll symbolisieren, dass die Ehe noch immer in voller Pracht blüht. Sie war schon immer ein Symbol für die Liebe und nach zehn Jahren Ehe, ist das Thema Liebe sicherlich mehr, als nur ein vorübergehender Zustand... Dennoch, auch Rosen benötigen Wasser. Auch in Zukunft!

12 ½ Jahre - *Nickel oder Petersilienhochzeit*

Nickel wird mit dem Strahlen verbunden, Petersilie mit der Würze. Beides wichtige Bestandteile einer guten Ehe. Die Gäste schenken dem Ehepaar an diesem Tag normalerweise Petersiliensträuße.

15 Jahre - *Gläserne Hochzeit, Kristallene Hochzeit, Lumpenhochzeit*

Jetzt stehen Sie vor der Qual der Wahl, aber nach 15 Jahren Ehe werden Sie wohl ganz routiniert damit umgehen können, oder? Bei der Gläsernen und der Kristallenen Hochzeit geht es um die Zerbrechlichkeit des Glücks und um das klare (kristall-klare) Verständnis zwischen beiden Ehepartnern.
Die Lumpenhochzeit hingegen erinnert das Ehepaar daran, dass bereits einige Jahre ins Land gegangen sind und auch die Textilien Spuren dieser Zeit tragen.

20 Jahre - *Porzellanhochzeit oder Chrysanthemenhochzeit*

Hier sind eindeutig diejenigen im Vorteil, die über tolerante Nachbarn verfügen, es könnte nämlich etwas lauter werden...
Es geht nämlich darum, die Küchenschränke auf Vordermann zu bringen. Altes Porzellan wird zerschlagen und es wird Platz gemacht

für Neues. Das sorgt für frischen Wind, nicht nur im Küchenschrank, auch in der Ehe.

25 Jahre - *Silberne Hochzeit*

> *„Die Liebe erscheint als das schnellste, ist jedoch das langsamste aller Gewächse. Weder Mann noch Frau wissen, was vollkommene Liebe ist, ehe sie nicht ein Vierteljahrhundert verheiratet waren."*
> (Mark Twain)

Die Feier der Silberhochzeit gleicht ein wenig dem traditionellen Hochzeitstag, als man sich das Ja-Wort gab. Dieses ist nun bereits ein Viertel-Jahrhundert her. Definitiv ein Grund zum Feiern, oder? Üblicherweise dominiert an diesem Tag, große Überraschung, Silber. Vor allem im Norden Deutschlands werden die Hauseingänge der Ehepaare von Verwandten mit silber
verzierten Kränzen geschmückt.
In den Kränzen darf sich dabei auch gerne mal silbernes Besteck befinden. Eben dieses Besteck wird in Deutschlands Süden am Tag der Silbernen Hochzeit feierlich aus dem Fenster geschmissen. Einige Paare erneuern zur Silberhochzeit auch ihren kirchlichen Schwur.

30 Jahre - *Perlenhochzeit*

Die Perle symbolisiert die Schönheit der Frau. Traditionell schenkt der Mann seiner Gattin darum eine Perlenkette mit 30 Perlen. Und der Mann? Wie wäre es mit einem Fußball, versehen mit 30 Autogrammen, stellvertretend für 30 Jahre Sportschau? Okay, das war etwas oberflächlich...

35 Jahre – *Leinwandhochzeit*

35 Jahre Ehe. Da ist es Zeit für einen spektakulären Dia-Abend auf einer wunderschönen Leinwand. Nein, das wäre zwar auch eine Idee, aber darum geht es nicht. Es geht um Leinen. Dieses Material ist sehr belastbar und schwer zu zerreißen. So ist es auch mit der Ehe. Nach 35 gemeinsamen Jahren hat die Verbindung beider Ehepartner eine enorme Festigkeit und diese Verbindung lässt sich auch nicht mehr so leicht auseinanderreißen.

37 ½ Jahre - *Aluminiumhochzeit*

Alte Liebe rostet nicht, heißt es ja so schön. Aluminium hat die gleiche Eigenschaft und die Ehe in diesem Fall anscheinend auch. Aluminium steht auch für Beständigkeit, aber auch für Anpassungsfähigkeit. Das sollte nach solch einer langen Zeit auch auf die Ehepartner zutreffen...

40 Jahre - *Rubin- Smaragd- Granathochzeit*

Der Rubin ist der Edelstein der Liebe. Er symbolisiert auch Leidenschaft und Feuer. Beide Bestandteile dürften in den vergangenen 40 Jahren des Ehepaares ebenfalls eine doch etwas größere Rolle gespielt haben. Traditionell erfährt der Ehering am Tag der Rubin-Hochzeit eine Aufwertung in Form eines kleinen roten Rubins. Dieser wird auf dem Ehering aufgesetzt.

> „Wenn einem die Treue Spaß macht, dann ist es Liebe."
> (Julie Andrews)

50 Jahre - *Goldene Hochzeit*

*Fünfzig lange Ehejahre,
alte Lippen, weiße Haare,
viel erlebt und viel erlitten, manchmal auch nicht schlecht gestritten,
immer wieder doch versöhnt, hat sich Herz an Herz gewöhnt. Jung
geblieben in den Herzen, immer noch bereit zu Scherzen.
Körper Seel´ verändern sich, doch noch immer liebt man sich. All das
stärkt die Zweisamkeit bis in die Ewigkeit.
(Kerstin Weidlich-Huth)*

Ein halbes Jahrhundert ist vergangen. Kein Metall ist wertvoller als Gold. Auch die Ehe ist wertvoll, erst recht nach 50 Jahren. Auch wenn es in dieser langen Zeit auch Tiefen gab. Man hat bis heute zusammengehalten, hat einen großen, vielleicht den größten Teil des Lebens miteinander verbracht. Kein Gold der Welt kann dieses Glück bezahlen.
Die Goldene Hochzeit wird, ebenso wie die Silberhochzeit in großem Stile gefeiert. Das Paar hat es einfach verdient!

60 Jahre - *Diamantene Hochzeit*

Kein Mineral ist auf unserem Planeten härter als der Diamant. Auch die Ehe hat ihre Beständigkeit und Festigkeit bewiesen. Wie ein Diamant ist sie über die Jahre und
Jahrzehnte geschliffen
worden. Und das Ergebnis? Etwas viel Wertvolleres als jeder Schmuck, und mag er noch so kostbar sein: Ein Paar, dass sich vor 60 Jahren das Ja-Wort gab und bis heute nicht vergessen hat, dass es die richtige Entscheidung war…

65 Jahre - *Eiserne Hochzeit*

Eisen ist schwer zu brechen, aber sicherlich nur halb so schwer, wie die Ehe, die auch nach 65 Jahren noch Bestand hat!

**67 ½ Jahre - *Steinerne Hochzeit*, 70 Jahre – *Gnadenhochzeit*,
75 Jahre - *Kronjuwelenhochzeit*, 80 Jahre - *Eichenhochzeit*,
100 Jahre – *Himmelshochzeit***

Lohnt an dieser Stelle eigentlich noch eine Unterteilung? Ich meine nein, denn wer solange miteinander verheiratet ist, hat jeden Tag einen Grund zum Feiern! Man ist zusammen durch dick und dünn gegangen, hat sein Leben miteinander verbracht und welche Gründe auch immer ausschlaggebend für das lange Zusammenleben waren: Ein ganz gewichtiger Grund MUSS die Liebe gewesen sein und DIESE Liebe ist mit keinem Geld, mit keinen Kostbarkeiten, mit keinem Schatz vergleichbar…

Aberglaube kurz und knapp...

Der rechte Fuß...
...beider Partner sollte am Tag der Trauung als erstes die Kirche betreten. Damit soll Unglück in der Zukunft vermieden werden.

Ein Kuckuck oder Schwalben...
...bringen dem Hochzeitspaar Glück, wenn sie sich während des Hochzeitsmahls in unmittelbarer Nähe befinden.

Nebel...
...und Hochzeit passen in einigen Gegenden nicht so gut zusammen. Eine Trauung bei Nebel würde ein beschwerliches Leben nach sich ziehen.

Der Vollmond...
...wiederum bedeutet, wenn er denn am Tage der Hochzeit in Erscheinung treten sollte, nur Gutes: Eine glückliche Ehe.

Tüll an der Autoantenne...
...bringt Glück. Es stammt vom Schleier der Braut und dessen Eigenschaften werden selbstverständlich mit übertragen.

Das blaue Ehebett...
...war damals blau, da durch diese Farbe die bösen Geister abgeschreckt wurden. Bis auf die Farbenblinden natürlich...

Bett glatt klopfen...
...wäre ein fataler Fehler der Ehefrau, denn dadurch müsse sie in der zukünftigen Ehezeit mit Schlägen des Gatten rechnen. Die Decke sollte also glatt *gestrichen* werden!

Myrte ...
...im Haar soll Glück bringen und ist ein Symbol für Keuschheit. Daher wird Myrte oft in den Haarschmuck eingearbeitet.

Reis

...aßen die Brautleute oft am Vorabend der Hochzeit. Das sollte den Kindersegen fördern.

Das Geldstück im Brautschuh...
...war für das Brautpaar ebenfalls ein Garant für Glück. Indem ein Geldstück in den Brautschuh gelegt wurde, sollte zukünftiger Geldmangel ausgeschlossen werden.

Zankende Hühner...
...waren nicht gerne gesehen, zumindest nicht, wenn man gerade in einem Hochzeitszug an ihnen vorbeizog. Die Streitigkeiten der Hühner sollten sich auch auf die zukünftige Ehe des Brautpaars übertragen.

Ein leerer Stuhl...
...verhieß beim Hochzeitsmahl nichts Gutes, denn damit schaffte man einem alten Bekannten, der uns hier schon einige Male begegnet ist, eine Sitzgelegenheit in unmittelbarer Nähe des Hochzeitspaares: Dem bösen Geist...

Die Windböe...
Könnte schädlich sein, wenn sie am Tag der Hochzeit den Brautschleier auffliegen lässt. Das bedeutet, dass sich in der Ehe viel Ärger in der Luft befinden könnte...

Der Storch auf dem Dach...
...steht für Fruchtbarkeit und Kindersegen, ebenso der...

Kinderwagen auf dem Dach,
...der ebenfalls zeigt, dass Kinder in Planung stehen und auch die...

Wäscheleine...
...mit Babysachen, die eindeutig klarmacht, was für die Zukunft des Hochzeitspaares wichtig ist.

Das Geldstück im Brot
...sollte Unglück aus dem Hause des Hochzeitspaares entfernen. Dazu schenkte die Braut das Brotstück am Tag der Hochzeit einem

Dorfarmen, wenn sie das Haus verließ und ihren Weg zum Ort der Trauung in Angriff nahm.

Eng beieinander stehen
…sollten Braut und Bräutigam, wenn sie die Kirche betraten und vor dem Traualtar standen, um zu verhindern, dass sich böse Geister zwischen sie drängen.

Hirsebrei
…versprach dem Brautpaar großen Reichtum, zumindest, wenn der Brei gemeinsam ausgelöffelt wurde.

Tränen
…sind nichts Schlimmes, erst recht nicht während einer Hochzeit, denn ein altes Sprichwort besagt Folgendes:
„Lachende Braut – weinendes Weib, weinende Braut – freudiges Weib"

Senf und Dill
…benötigen Bräute, wenn sie sichergehen wollen, dass sie in der Ehe „die Hosen anhaben". Folgendes Sprichwort bestätigt das:
„Ich habe Senf und habe Dill, mein Mann muss tun, was ich will"

Dem anderen auf den Fuß treten
…sollte man, wenn man in der zukünftigen Ehe das Sagen haben will.

Nüsse unter dem Kopfkissen
…der Braut fördern ihre Fruchtbarkeit

Erbsen auf der Matratze
…sollten dem Brautpaar Mut machen, nicht aufzugeben, auch wenn der Weg der vor ihnen lag mal holprig werden sollte.

Der Saum des Brautkleids
…spielt beim Niederknien während der Trauungszeremonie eine Rolle: Kniet der Mann nämlich darauf, wird er in der Ehe das Sagen haben!

Hochzeitsbräuche aus aller Welt

Scarification
Äthiopien

Hierbei handelt es sich um einen Brauch aus Äthiopien, bei dem die Braut feine Schnitte im Unterleib erhält, aus denen ein Muster entsteht. Die Schnitte werden mit Asche bedeckt, um Entzündungen zu vermeiden und den Heilungsprozess zu beschleunigen. Die daraus entstehenden Narben demonstrieren die Geschlechtsreife und fungieren dabei gleichzeitig als Brautschmuck. Die feinen Muster gelten zudem als Schönheitsideal.

Das fließende Wasser
Australien

Fließendes Wasser hat in Australien zur Osterzeit den Ruf, gesegnet zu sein. Dieses machen sich viele Paare zunutze, indem sie zu Ostern das Wasser aufbewahren und sich am Hochzeitstag damit beträufeln. Dies sollte förderlich für vor dem Hochzeitspaar liegende Ehezeit sein.

Auf heißen Kohlen...
Bulgarien

In Bulgarien soll die Braut strahlen, wenn sie in den Stand der Ehe geht. Dazu muss sie über ein rotes Band in einen Badezuber springen, in welchem kurz zuvor glühende Kohlen gelegt wurden.

Die (manchmal) nackte Braut
Brasilien

Junggesellinnenabschied mal anders: In Brasilien ist dieser einerseits ein Riesenspaß, andererseits könnte es jedoch auch peinlich Folgen für die zukünftige Braut haben, obwohl nur Frauen am Geschehen teilnehmen. Zumindest wenn jemand mit einer Kamera das Geschehen mitverfolgt...

Jeder Gast bringt zum Junggesellinnenabschied ein Geschenkpaket mit, dessen Inhalt von der kommenden Braut erraten werden muss. Errät sie den Inhalt eines Pakets ist alles in Ordnung, sie erhält das darin enthaltene Geschenk und das nächste Paket ist an der Reihe. Die Schwierigkeit: Die Ratende darf sich je Paket lediglich drei Fehlversuche leisten. Für jedes Geschenkpaket, dessen Inhalt nicht erraten werden konnte, muss die zukünftige Braut einen Schnaps trinken und darf sich auch im gleichen Zug von einem Kleidungsstück verabschieden. Bei einem großen Freundeskreis mit vielen Geschenkpaketen könnte es also, gerade im Winter, unangenehm kalt für die Hauptdarstellerin des Abend werden…

Der richtige Zeitpunkt
China

In China spielt der Zeitpunkt der Hochzeit eine enorm wichtige Rolle. Zu voller Stunde zu heiraten wird in China kaum praktiziert. Ein besserer Zeitpunkt wäre nach der halben Stunde, da sich der Minutenzeiger in diesem Fall in einer Aufwährtsbewegung befindet…

Nao-sin-fang
China

…hieß ein altes, chinesisches Ritual, bei dem es die Bräute nicht einfach hatten. Sie mussten ein Ritual über sich ergehen lassen, welches drei Tage andauerte. Während dieser Zeit durfte die Braut von jedermann auf das Tiefste beleidigt werden.

Die rote Schnur
China

Am Abend der Hochzeit trank das Hochzeitspaar aus zwei Bechern, die mit einer roten Schnur verbunden waren. Beide Ehepartner tranken dabei aus dem Becher des Partners. Dieser Brauch basiert auf dem Glauben, dass eine höhere Macht bereits bei der Geburt der beiden Partner deren Schicksal festgelegt hatte und die beiden bereits miteinander verbunden hatte.

Die Legende von Yueh Lao Yeh
China

In vielen Geschichten wird beschrieben, dass Ehen bereits im Himmel geschlossen werden. In China war es Yueh Lao Yeh, der dieses Schicksal in die Hand nahm, indem er die Füße des zukünftigen Ehepaares bereits in der Kindheit mit nicht sichtbaren Fäden miteinander verband. Dass diese Geschichte wahr ist, soll die folgende Sage verdeutlichen:

An einem schönen Tage traf der junge Wei Ku auf einem seiner Spaziergänge Yueh Lao Yeh und da er ihn nun schon begegnet war, brannte in ihm natürlich die Frage, wer denn seine zukünftige Frau werden würde. Yueh Lao Yeh beantwortete dem neugierigen, jungen Burschen diese Frage. Dieser war mit der Antwort allerdings gar nicht zufrieden. Bei dem Mädchen, das ihm zugesprochen wurde, handelte es sich um ein Mädchen aus sehr armen Verhältnissen. Das war dem jungen Burschen, der von einer reichen Frau geträumt hatte so ein Dorn im Auge, dass er beschloss, sein Schicksal selbst in die Hände zu nehmen. Dazu engagierte er einen Banditen. Dieser sollte das Mädchen, das einmal seine Frau werden sollte, umbringen.20 Jahre später ist aus dem jungen Wei Ku ein angesehener Mann geworden. Er beschließt, nun endlich zu heiraten, so wie er immer wollte: Eine reiche Frau. Die zu ihm passende Frau fand er schließlich auch, mit der Hilfe eines Heiratsvermittlers. Wie Ku war zufrieden, zumindest so lange, bis er den Schleier der Braut anhob und zum ersten Mal ihr Gesicht sah. Eine lange Narbe zeichnete sich auf der Stirn der Frau ab. Wie Ku erschrak. Er fragte die Frau, wie es zu einer solchen Narbe gekommen war und die Frau erzählte ihm die Geschichte.

Es handelte sich um eine Geschichte, in der ein junges Mädchen in einem armen Elternhaus aufwuchs und eines Tages von einem Banditen heimgesucht wurde, der sie umbringen wollte...

Das große Küssen 1
Dänemark

Auf dänischen Hochzeiten wird besonders gerne geküsst. Sollte nämlich auf der Hochzeitsfeier einer der Ehepartner den Raum verlassen, wird der andere Ehepartner von den noch anwesenden Gästen des anderen Geschlechts geküsst. Wenn also der Bräutigam den Saal verlässt, dürfen alle Männer der Reihe nach die Braut küssen, bis der Partner wieder eintrifft.

Das große Küssen 2
Dänemark

Es wird weiter geküsst, allerdings bleiben die Gäste diesmal außen vor…Sie geben lediglich vor, wann sich das Hochzeitspaar zu küssen hat. Irgendwie gemein, aber witzig:
jedes Mal wenn jemand aus der Hochzeitsgesellschaft mit dem Besteck an sein Glas oder an seinen Teller schlägt, steigen die restlichen Gäste mit ein. Hier geht es jedoch nicht darum, mit dem Lärm die bösen Geister zu vertreiben, sondern darum, dass sich das Hochzeitspaar auf einen Stuhl stellen muss, um sich dort zu küssen.

Es gibt jedoch auch das Fußtrampeln. Wieder gibt ein Gast den Zeitpunkt vor und der Rest der Hochzeitsgesellschaft macht mit. Immer wenn dies geschieht muss sich das Paar küssen, allerdings in diesem Fall nicht auf einem Stuhl, sondern unter dem Tisch. Für schüchterne Brautpaare wohl die bessere der zwei Varianten…

Der Monat des Honigweines
England

Ein weiterer alter Brauch aus England: Hier wurde versucht, die Fruchtbarkeit der Braut zu steigern, indem sie einen Monat lang Honigwein trank. Der Brauch startete unmittelbar nach der Hochzeit, ob die Braut nach diesem Monat noch Honig zum Frühstück mochte, ist wohl eher fraglich…

Bonbons für die Gäste
Finnland

In Finnland war und ist es teilweise noch Brauch, dass die Braut ihren Hochzeitsgästen selbst gemachte Bonbons schenkt. Die Bonbons werden dabei klassischerweise in blaues und rotes Papier eingewickelt, welches manchmal noch mit passenden Sprüchen oder Sprichwörtern versehen wird.

Strumpfbandversteigerung
Frankreich

In erster Linie geht es bei diesem Brauch um die Versteigerung des Strumpfbandes der Braut. Die männlichen Hochzeitsgäste bieten Geld, damit die Braut ihr Kleid ein wenig anhebt. Mit jedem Gebot zieht sie das Kleid ein Stückchen weiter hoch. Die weiblichen Gäste halten dagegen und dadurch wird das Brautkleid ständig angehoben und wieder gesenkt. Das Spiel endet erst, wenn das Kleid der Braut so hoch gezogen ist, dass das Strumpfband in Erscheinung tritt. Gewinner des Strumpfbandes ist derjenige, der zuletzt geboten hat. Bei einer großen Gesellschaft konnte so eine Menge Geld „erwirtschaftet" werden und mit dem Gewinn wurde oftmals das Brautkleid finanziert. Der Schneider, der das Kleid angefertigt hatte, befand sich dabei häufig bereits in unmittelbarer Nähe der Strumpfbandversteigerung, um das Geld für seine Arbeit in Empfang zu nehmen.

Die Höhlen von Arcy
Frankreich

In der Höhle von Arcy, die sich im Departement de la Yonne befindet, wurde meist am zweiten Tag der Hochzeit gefeiert und zwar mit der gesamten Hochzeitsgesellschaft. Auch heute noch zieht es viele Hochzeitspaare an diesen schönen Ort. Unter dem Licht der Fackeln wird getanzt und gefeiert. Der Brauch verspricht der Ehe Geborgenheit und Glück. Wer will schon darauf verzichten?

Die Dreifaltigkeit
Griechenland

Bei der griechischen Hochzeit spielt die Zahl „3" eine große Rolle. Es geht um die Dreifaltigkeit, die mit dem folgenden Brauch symbolisiert werden soll. Könnten Sie sich vorstellen, beim Ringtausch während der Hochzeitszeremonie ein wenig nervös zu werden? Nehmen Sie es gelassen, bei dem Brauch über den wir hier gerade reden, werden die Ringe gleich drei mal getauscht. Es wird auch dreimal aus dem Weinkrug getrunken und wo wir schon bei der Zahl Drei sind, muss das Hochzeitspaar zu guter Letzt noch drei mal um den Altar der Kirche geführt werden.
Doppelt gemoppelt hält halt doch besser.

Eine Woche Pause
Griechenland

Vor dem Hochzeitstag herrschte zunächst einmal eine Woche Funkstille zwischen den zukünftigen Ehepartnern. Der Grund: Es würde Unglück bringen, wenn sich das Paar innerhalb dieser Woche begegnen, geschweige denn miteinander verbringen würde.

Die Locke
Griechenland

In Griechenland wollte sich das Hochzeitspaar Schutz vor Zeus, Artemis und Hera „erkaufen", indem sich beide Ehepartner eine Locke abschnitten.

Der nackte Junggeselle
Griechenland

Vor langer, langer Zeit gab es im alten Griechenland Männer, die ein kleines Problemchen hatten, zumindest, wenn sie bis zu einem bestimmten Alter noch immer nicht verheiratet waren. In diesem Fall hieß es, die Stimme zu ölen. Sie mussten über den Marktplatz laufen und herabwürdigende Lieder über sich selbst singen. Als wäre das noch nicht herabwürdigend genug, mussten sie das im nackten Zustand tun. Glücklich war wohl der, dessen „Heirats-Ablaufdatum" nicht auf einen Wintermonat fiel…

Der Seemuschel-Bläser
Hawaii

Einen weiteren schönen Brauch, der während der Hochzeitszeremonie stattfindet, finden wir auf Hawaii:
Hier kommt ein Seemuschel-Bläser zum Einsatz der die Ankunft der Braut ankündigt. Die Laute der Muschel, in Hawaii *Pu* genannt, sind auch auf große Entfernung noch zu hören. Gute Muschelbläser hört man sogar noch in kilometerweiter Entfernung. Der Muschel-Bläser wendet sich dabei in alle Himmelsrichtungen. Dort lassen sich die zentralen Orte ausmachen, die für das Hochzeitspaar von großer Bedeutung sein sollen:

- Im Norden befinden sich die Ahnen.
- Im Osten befindet sich der größte schlafende Vulkan, der Haleakala, was auf deutsch soviel wie Haus der Sonne bedeutet.
- Im Westen befindet sich das ewige Meer.
- Im Süden befindet sich das Hochzeitspaar selbst und mit den Lauten der Pu empfängt es die Liebe (Aloha) und die Energie (Mana).

Der Flug der Schmetterlinge
Hawaii

Gefangene Schmetterlinge haben den Ruf, die Wünsche derjenigen zu erfüllen, die sie freilassen. Auf diesem Glauben basiert der folgende Hochzeits-Brauch. Jeder Hochzeitsgast erhält eine kleine Schachtel, in der sich ein Schmetterling befindet. Nun flüstert ein jeder Gast „seinem" Schmetterling seine Wünsche für das Brautpaar zu. Auf ein Zeichen werden alle Schachteln geöffnet und die Schmetterlinge steigen in den Himmel, um die Hochzeitswünsche in alle Himmelsrichtungen auszusenden.

Das Kind auf dem Schoß
Indien

Auch in Indien finden wir einen weiteren Brauch, der den Kindersegen fördern soll. Dazu wird der frisch verheirateten Braut ein Kind auf den Schoss gesetzt.

Der Lauf ums Feuer
Indien

Bei diesem Brauch werden die Kleider beider Ehepartner miteinander verknüpft. Nun muss das Hochzeitspaar insgesamt sechs mal um ein Feuer laufen. Dreimal läuft die Frau voraus und dreimal der Mann.

Die Betelpäckchen
Indonesien

Mit den Betelpäckchen bewarfen sich die Heiratenden am Tag der Hochzeit. Ziel dieses Spiels war es, als erster den Partner zu treffen. Der Sieger des Spiels sollte in der Ehe das Sagen haben.

Der eigene Wille
Italien

Stichwort eigener Wille: In Italien gab es vor langer Zeit den Brauch, dass die Braut ihren Trauring, der soeben erst vom Bräutigam aufgesteckt wurde, wieder vom Finger abzog, nur um ihn dann erneut, allerdings nun aus eigener Kraft, wieder auf den Finger zu schieben. Klingt seltsam und sieht bestimmt merkwürdig aus, hat jedoch einen Grund: Diese Handlung sollte verdeutlichen, dass die Braut aus eigenem Willen den Ring und damit ihren Mann annahm.

Der Holzklotz
Italien

Bei diesem, aus Sizilien bekannten Brauch, wird sprichwörtlich mit dem Zaunpfahl gewunken. Statt dem Zaunpfahl wird jedoch auf einen Holzklotz zurückgegriffen. Diesen Klotz legt der „Bewerber" vor die Haustür der potenziellen Braut. Die Frau hat nun zwei Möglichkeiten:

1. Sie schafft den Holzklotz ins Haus
   = toll für den „Bewerber"

2. Sie rollt den Holzklotz einfach weg
   = nicht so toll, die Holzklotz-Schlepperei war umsonst…

Die zweite Möglichkeit kommt also einer Absage gleich. Einige Schlaumeier würden vielleicht zu einem besonders großen Holzklotz greifen, den die Braut nicht so einfach wegrollen kann. Klasse, aber wie soll das riesige Ding nun ins Haus? Meine Empfehlung: Einfach nochmal mit dem *Fensterln* (S. xxx) versuchen...

Bräutigamweitwurf
Japan

Bei diesem Brauch darf die Braut mal richtig Dampf ablassen. Er stammt aus Japan, genauer gesagt aus dem kleinen Bergdorf Matsunoyama, und findet dort bereits seit 300 Jahren Anwendung. Der japanische Name für diesen Brauch lautet Mukonage. Der Bräutigamweitwurf ist jedoch kein klassischer Hochzeitsbrauch, der am Hochzeitstag ausgeführt wird, sondern erst im darauf folgenden Januar des kommenden Jahres. Zu dieser Zeit liegt nämlich genug Schnee und das kommt dem Bräutigam, zumindest aus gesundheitlicher Sicht, sehr zugute:
Die Braut hat nämlich die Aufgabe, ihren Traumprinzen einen fünf Meter hohen Steilhang hinunter zu werfen. Je kräftiger, desto besser! Könnte sich dieser Brauch nicht auch hierzulande etablieren, etwa als Scheidungsbrauch? Optional auch ohne Schnee?

Der dreifache Kleiderwechsel
Japan

Die japanische Braut hat es auf einer Geburtstagsfeier sicherlich nicht einfach. Sie muss sich während der Hochzeitsfeier dreimal umziehen. Getragen wird ein Hochzeitsgewand, welches der japanischen Tradition entspricht, ein Kimono und schließlich ein weißes Brautkleid. Was für den Zuschauer Abwechslung pur bedeutet, ist aus der Sicht der Braut wohl eher der pure Stress...

Die Stressprobe
Kenia

Was für unsereins skurril klingen mag, ist anderswo Tradition, wie in Kenia bei den Massai beispielsweise: Der Vater segnet seine Tochter vor der Hochzeit, indem er ihr Milch auf Kopf und Brust spuckt, bevor sie sich auf den Weg zu ihrem Zukünftigen macht. Auf diesem Weg darf sie sich nicht umdrehen. Ein Umschauen würde dem Blick zurück zum Elternhaus gleichkommen und es herrscht der Glaube, dass sich die Braut in diesem Fall sofort in Stein verwandeln würde. Die Braut muss sich allerdings auch noch auf andere Art und Weise behaupten. Sie wird auf dem Weg zum Bräutigam von seinen Angehörigen beschimpft und sogar mit Kuhdung beschmiert. Der Sinn dahinter: Es sollte festgestellt werden, wie die Braut in Anbetracht ihrer zukünftigen Ehezeit mit Stresssituationen umgehen würde. Hierzulande wird die Stressresistenz bereits bei der Hochzeitsplanung geprüft, aber dieser Stress ist meist ein wirklich angenehmer Stress…

Geschlechtertrennung
Marokko

Ein Brauch der hierzulande nicht wirklich für Spaß sorgen würde, finden wir unter anderem in Marokko: Dort feiern die Frauen und die Männer getrennt voneinander. Der einzige Mann, der zu den Frauen darf ist der glückliche Bräutigam.

Das gefesselte Hochzeitspaar
Mexico

Keine Sorge, hier geht es nicht um ein Gewaltverbrechen, sondern um einen Brauch, der die Verbundenheit des Hochzeitspaares zueinander symbolisieren soll. Um diese Verbindung zu verdeutlichen, wird dem Paar während des Hochzeitsgelübtes ein Seil umgelegt.

Die Hochzeits-Piñata
Mexico

Die Piñata kommt in unterschiedlichen Ländern zu unterschiedlichen Anlässen „zum Einsatz". Die Hochzeits-Piñata ist eigentlich ein Glücksbringer. Es handelt sich dabei um eine Pappmachee-Figur, die mit verschiedenen Gegenständen befüllt werden kann. Die Piñatas sind meist bunt bemalt und als Füllung wird oftmals auf

Süßigkeiten, Reis und Münzen zurückgegriffen. Da es sich bei einer Piñata nicht um einen Schlüsselanhänger handelt, kann man damit interessante Dinge anstellen. In unserem Fall wird an der Piñata ein Seil befestigt, welches anschließend, über einen Ast geschwungen, an einen Baum gehängt wird. Das Ende des Seiles hält der Spielleiter dieser Aktion. Er hat nun die Möglichkeit durch Ziehen und Loslassen die Piñata auf und ab zu bewegen. Ein tolles Spiel, nicht war? Okay, klingt nicht so aufregend, aber es geht ja noch weiter: Das Brautpaar muss nun mit verbundenen Augen versuchen, mittels eines Stockes die Piñata zu treffen und zu zerschlagen, um den Inhalt der Figur „herabregnen" zu lassen. Dem Hochzeitspaar soll damit Wohlstand, Sicherheit und ewige Liebe beschert werden.

13 Münzen
Mexico

Der folgende Brauch erinnert fast ein wenig an das Spiel mit der heißen Kartoffel, die zwischen den Mitspielern hin- und hergeworfen wird…
Es geht um eine kleine Box in dessen Inneren sich 13 Münzen befinden. Diese Box wird zu Beginn der Trauungszeremonie dem Priester übergeben, von dem sie gesegnet wird. Der Priester reicht die Box der Braut und diese schüttet die Münzen in die Hände des Bräutigams. Dort bleiben sie jedoch nicht lange, denn nun werden sie in die Obhut der Madrina De Arras gegeben. Dort verbleiben sie für den Rest der Trauungszeremonie. Gegen Ende der Zeremonie wandern die Münzen wieder in die Hände des Priesters, der sie wieder in die kleine Box kippt, wo sie herkamen. Danach übergibt er die Münzen-Box ein letztes Mal dem Bräutigam und nun wechseln die Münzen letztmalig den Träger: Der Bräutigam lässt die Münzen in die Hände seiner Frau fallen und legt die Box danach obenauf. Er legt also symbolisch sein Hab und Gut in die Hände seiner Frau. Aber warum nun 13 Münzen? Ganz einfach, die 13 Münzen stehen für Christus und die zwölf Apostel.

Das Amulett
Niger

In einigen Teilen des Landes kommt es unter den Cousins des öfteren vor, dass sie sich in die gleiche Frau verlieben und diese natürlich auch heiraten wollen. Die zukünftige Braut gibt Ihnen also die Chance, sich zu präsentieren. Das tun die beiden potenziellen Gatten, indem sie ihr schönstes, wichtigstes und aussagekräftigstes Amulett tragen und damit auf die Zusage der Frau hoffen. Der Verlierer, wenn man es so nennen darf, genießt in der Regel trotzdem die Gastfreundschaft des Paares und darf sogar, unter Einverständnis der Braut, in ihrem Bett übernachten…

Die gemästete Braut
Nigeria

Hier finden wir einen Brauch, der fast den Anschein hat, durch ein Märchen der Gebrüder Grimm, nämlich Hänsel und Gretel, inspiriert worden zu sein: Im nigerianischen Calabar werden die heiratsfähigen Mädchen etwa sechs bis zwölf Monate vor der Hochzeit regelrecht gemästet. Das soll die Frauen attraktiver machen für ihre zukünftigen Ehemänner.

Erbsensuppe zum Schluss
Norwegen

Erbsen stehen für Fruchtbarkeit und Reichtum. Was spricht also dagegen, sich mit dieser Symbolik anzufreunden? In unserem Fall höchstens der Koch…
In Norwegen gehört die Erbsensuppe einfach zur Hochzeit und wird traditionell am Tag der Hochzeitsfeier gegen drei Uhr morgens serviert. Die Suppe läutet zugleich das Ende der Feierlichkeiten ein.

Unterwäsche verkehrt
Österreich

Was eher nach einer Ausrede für einen peinlichen Vorfall klingt, ist in Österreich ein Brauch, der die Geister verwirren und damit verjagen sollte: Die Braut sollte ihre Unterwäsche verkehrt herum anziehen…

Der Heanatanz
Österreich

Dieser Brauch ist dem Polterabend, wie wir ihn kennen, sehr ähnlich. Gefeiert wird im Heim der zukünftigen Braut und der Bräutigam nimmt an dieser „Veranstaltung" nicht teil. Es wird der Abschied der Braut vom Elternhaus in die neue Freiheit gefeiert und dazu gehört natürlich viel Tanz. Der Heanatanz verdankt seinen Namen den Hühnern, die damals ebenfalls in der Stube der Feierlichkeiten „mitfeierten" und der zukünftigen Braut damit Fruchtbarkeit und Kindersegen bescheren sollten.

Der Tannenbaum
Österreich

Während man sich in Italien zum Zweck der Brautwerbung damit begnügte einen Holzklotz vor die Haustür der Verehrten zu stellen, wurde in der Steiermark einfach mal ein Tannenbaum vor dem Fenster der potenziellen Braut eingepflanzt. Diese Aktion fand traditionell am 1. Mai statt. Die Verehrte musste am nächsten Tag erraten, wer dafür verantwortlich war. Geheiratet wurde, bevor der Tannenbaum all seine Nadeln verloren hatte.

Das Leiden des Bräutigams
Österreich

Wer heiraten will muss leiden, scheint hier wohl der Hintergrundgedanke zu sein. Der Bräutigam muss am Tage des Polterabends nach alter Tradition einiges durchstehen. Zunächst wird er von seinen Freunden an einer Leiter festgebunden. Auf dieser wird er nun durch das Dorf getragen, wobei an den diversen Wirtshäusern gehalten wird. Dort hat der Bräutigam einiges „zu Schlucken". Auch die Entführer des Bräutigams trinken mit und zwar auf Kosten des Gefesselten. Es geht jedoch auch noch leidvoller: Bei einer anderen Variante wird der Bräutigam, anstatt an einer Leiter festgebunden zu werden, in eine kleine Holzkiste gesteckt. Ein Brauch, der nicht unbedingt nachgeahmt werden sollte…

Gaßlgehen
Österreich

Dieser alte Brauch ähnelt dem Fensterln, welches neben Österreich auch im süddeutschen Raum Tradition hatte.
Des nachts machte sich der Bursche auf die Wanderschaft. Das Ziel seines nächtlichen Ausflugs war das Haus seiner potenziellen Braut. Dort angekommen sagte der Wanderer seine Gaßlsprüche auf und versuchte damit das Herz der Frau zu gewinnen. Bei den Gaßlsprüchen handelte es sich um gereimte Kurzgeschichten, welche die Frau auf lustige Art und Weise davon überzeugen sollte, dass der Mann ihres Lebens vor ihrem Fenster stand. Nun zeigte sich, ob die Frau Niveau hatte. Öffnete sie sofort das Fenster, galt das als eher unanständig und die Frau outete sich als leicht zu Erobernde. Ließ sie sich jedoch Zeit mit dem Öffnen des Fensters und gab dem Sprücheklopfer gar Kontra, um ihn noch mehr aus der Reserve zu locken, hatte diese Frau Stil. Dieses Ritual konnte sich sehr lange hinausziehen, zum Ärger der Nachbarn, die am nächsten Morgen früh aufstehen mussten.

Das Brautlied
Österreich

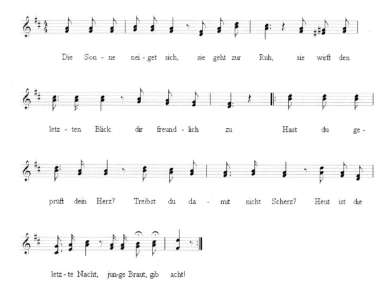

Die Son - ne nei - get sich, sie geht zur Ruh, sie wirft den letz - ten Blick dir freund - lich zu. Hast du ge - prüft dein Herz? Treibst du da - mit nicht Scherz? Heut ist die letz - te Nacht, jun - ge Braut, gib acht!

Ein weiterer, alter und wunderschöner österreichischer Brauch ist das so genannte Brautliedsingen. Am Abend vor der Hochzeit treffen sich die Freundinnen oder weiblichen Verwandten der Braut traditionell vor dem Haus der Brauteltern. Dann singen sie das bekannte Volkslied „Die Sonne neiget sich…" Wer den Text des Brautliedes (unten) betrachtet, wird feststellen: Hier könnten eventuell Taschentücher gebraucht werden…

Haare kämmen
Philippinen

Oftmals sieht man am Tag der Trauung eine alte Frau vor der Kirche, die einem Hochzeitspaar die Haare kämmt. Sie macht das nicht um ins Fernsehen zu kommen, sondern weil dieses Vorgehen den frisch Vermählten Glück für die Zukunft bringen soll.

Der Preis der Liebe
Philippinen

„Einmal meine Braut sehen, bitte.", hieß es wohl damals in einigen Teilen der Philippinen. Dort wurden die zukünftigen Ehemänner von den zukünftigen Schwiegereltern richtig zur Kasse gebeten, wenn sie ihre Verlobte sehen wollten. Der Zutritt zum Haus kostete, das Sprechen mit der Verlobten ebenfalls. Auch das gemeinsame Essen mit der Braut war möglich. Allerdings nur, Sie ahnen es bereits, gegen Aufpreis…

Der Stab des Zeremoniemeisters
Polen

Während der Hochzeitszeremonie trug der Zeremoniemeister einen etwa 40 Zentimeter langen Stab, der aus einzelnen Stöcken von Obstbäumen und Tannen zusammengebunden war. Der Stab wurde bereits einige Tage vor der Hochzeit angefertigt. Er war meist mit farbigen Papierstreifen und weißen Federn versehen. Nach der Hochzeit musste der Stab von den frisch Verheirateten vom Zeremoniemeister geraubt und anschließend in zwei Teile gebrochen werden. Das verhieß Glück für die kommende Ehezeit des Hochzeitspaares.

Der „Kletterer"
Rumänien

In Rumänien musste der zukünftige Bräutigam ein richtiger „Klettermaxe" sein, wenn er seine Geliebte zur Frau nehmen wollte. Er musste seiner Zukünftigen zunächst ihren Brautkranz aufsetzen. Was sich sehr einfach und unspektakulär anhört, entpuppt sich jedoch als komplizierter. Der Brautkranz wurde nämlich oft an einem Baum befestigt und war ohne einen gewissen Aufwand nicht zu greifen gewesen. Der Mann musste nun, auch mit der Unterstützung seiner Freunde, an den Kranz gelangen. Pech hatte in diesem Fall wohl der, der keine Freunde hatte…

Das Rosenwasser auf der Türschwelle
Rumänien

Ein weiterer Brauch bei dem die Türschwelle eine Rolle spielt. Während die Braut hierzulande über die Schwelle getragen wird, um den Geistern keine Gelegenheit zu geben, ins gemeinsame Zuhause einzudringen wurde in Rumänien versucht, das Glück heraufzubeschwören. Die Braut verspritzte dazu Rosenwasser auf die Türschwelle. Anschließend nahm sie Weizen und Salz und warf es in alle vier Himmelsrichtungen.

Der Geldteppich
Rumänien

Das Hochzeitspaar steht während der Trauungszeremonie auf einem mit Münzen ausgelegten Teppich. Dieses Vorgehen soll symbolisieren, dass es Wichtigeres gibt, als Geld und Reichtum. Nämlich das Glück der Liebe und Zusammengehörigkeit.

Eine Schuhsohle voller Namen
Rumänien

In Rumänien versucht die Braut an ihrem Hochzeitstag ihren Freundinnen ein wenig unter die Arme zu greifen, zumindest was die eheliche Zukunft der Freundinnen angeht: Sie schreibt die Namen ihrer Freundinnen, die noch nicht ihr passendes Gegenstück gefunden haben, auf die linke Sohle ihres Brautschuhs. Das sollte die Chancen erhöhen, dass auch sie bald in den Stand der Ehe treten dürfen…

Salz in der Tasche
Schottland

Hat Ihnen schon einmal jemand Salz in die Tasche gestreut? Wenn nicht, haben sie Pech gehabt, das hätte nämlich Glück gebracht. So dachte man zumindest in Schottland. Die Person, die dem Bräutigam mit Glück beglücken will, darf bei seiner „Streu-Aktion" allerdings nicht entdeckt werden, sonst funktioniert das nicht mit dem Glück...

Verbotenes Grün
Schottland

Grüne Kleider waren auf einer schottischen Hochzeit damals nahezu tabu. Generell war die Farbe Grün unerwünscht, grünes Gemüse ist daher bis heute eher selten auf der Hochzeitstafel einer schottischen Hochzeit zu finden. Grün war nämlich die Farbe der Elfenfeen (Fairies) und wer sich anmaßte diese Wesen in irgendeiner Form nachzuahmen, hatte mit einer freudlosen Zukunft zu rechnen...

Der Fluss und die Silberlöffel
Schottland

Auf einem keltischen Brauch basiert die folgende Handlung. „Böses kann fließendes Wasser nicht überqueren", heisst es. Der Tag der Hochzeit ist ein schöner Tag, um dieses zu überprüfen. Dazu erhalten die Brautleute jeweils einen silbernen Löffel. Nun werden die beiden Löffel über einem Fluss miteinander getauscht.

Der Schuh und der Dudelsackspieler
Schottland

Den Brauch des Schuhwerfens haben wir ja bereits in diesem Buch besprochen. In Schottland spielte der Schuh ebenfalls eine größere Rolle. Einen solchen schmiss der Brautvater dem frisch vermählten Ehepaar hinterher, um damit auszudrücken, dass von nun an der Bräutigam für die Tochter des Brautvaters verantwortlich war. Auch wenn der Schuh nicht traf, der nächste Akt war auch nicht gerade angenehm für den Bräutigam: Er musste hilflos zusehen, wie sich die Lippen seiner Liebsten in Richtung des Dudelsackspielers zubewegten und diesem einen Schmatzer verpassten. Schön für den

Musikanten, schön aber auch für das Hochzeitspaar, welches dadurch mit Glück gesegnet wurde...

Die Braut als Glücksbringer
Schweden

Hier geht es ausnahmsweise mal nicht um das Hochzeitspaar, beziehungsweise die Braut, sondern um diejenigen, die der Braut begegnen. Diese soll nämlich, wenn sie einem über den Weg läuft, Glück bringen. Schwedische Pechvögel scheuen sich daher auch nicht, an der Haustüre einer Braut anzuklingeln oder am Tag der Hochzeit vor der Kirche auszuharren um dem Glücksbringer zu begegnen.. Es sind also nicht nur die bösen Geister, die der Braut vor der Kirche auflauern wollen...

Einkaufen der Braut
Schweiz

In der Schweiz wurde die Braut damals traditionell „eingekauft". Heutzutage funktioniert das so: Die Hochzeitsgäste erhalten auf der Hochzeitsfeier, oder manchmal auch bereits am Polterabend, kleine Zettelchen, auf dem der Name eines Gebrauchsgegenstandes und ein bestimmtes Datum stehen. Bei den Gegenständen handelt es sich um einfache Dinge, die im Alltag Verwendung finden können. Die Gäste müssen dem Hochzeitspaar nun jeweils an dem Tag, der auf ihrem Zettelchen vermerkt ist, den angegebenen Gegenstand schicken. Der Absender wird dabei normalerweise nicht angegeben. Ein schöner Brauch mit ganz geringem Aufwand und das Hochzeitspaar kann sich für die nächsten Wochen oder sogar Monate richtig auf den Postboten freuen...

Zigaretten, Zigarillos und Zigarren
Spanien

In Spanien erhalten die Hochzeitsgäste nach der Hochzeit Zigaretten, Zigarillos und Zigarren. Die ersteren beiden sind dabei für die weibliche Gesellschaft bestimmt. Die „Luxus-Glimmstengel" sind dabei jeweils mit einer roten Banderole versehen, auf der die Namen der Ehepartner stehen.

Zweisamkeit mit Hindernissen
Thailand

Die Hochzeitsnacht. Als Hochzeitspaar, nach all den Feierlichkeiten, endlich die Zeit für sich haben. Die Tür hinter sich schließen. Die Ruhe genießen. Ein schöner Gedanke, auf einer thailändischen Hochzeit allerdings eher unwahrscheinlich...
Das Schlafzimmer des Hochzeitspaares ist zunächst kein Ort der Zweisamkeit, sondern der Aufenthaltsort der gesamten Hochzeitsgesellschaft. Diese begleitet das Paar nach den Feierlichkeiten ins Schlafgemach und selbst dann ist noch keine Ruhe angesagt. Das Ehebett muss zunächst gesegnet werden. Dazu legt sich das unter den Anwesenden älteste Ehepaar in das Bett des Hochzeitspaares. Erst nach dieser Zeremonie gehört das Schlafzimmer dem Brautpaar und dann ist nur noch eines angesagt: Ruhe und eine Hochzeitsnacht, ganz ohne Zuschauer...

Das präparierte Ehebett
Thailand

Da dachte man, man hätte das Ehebett für sich und dann das: Ein weiterer Brauch sollte dem Ehepaar eine lange Ehe bescheren. Dazu wurde das Bett des Brautpaares von einem alten, bereits verheirateten Paar präpariert. Es werden Gegenstände ins Ehebett gelegt, die symbolisch für Wohlstand und Fruchtbarkeit stehen, nämlich Sesam, Reis, ein Steinstößel und Münzen. Außerdem wird noch eine Schüssel mit Regenwasser ins Bett gestellt. Das Hochzeitspaar muss nun die folgenden drei Tage ihr Ehebett mit diesen Gegenständen teilen. Gerade die Wasserschüssel würde ich mir problematisch vorstellen, aber wenn's Glück bringt...

Die Trauerrede
Ungarn

Eher traurig erscheint am Tag der Hochzeit der Weg der Braut vom Elternhaus zur Kirche. Ein Sprecher tritt hervor und hält eine Rede in Reimen darüber, dass in wenigen Minuten ein neuer Lebensabschnitt für die baldige Braut beginnt. Was für viele eher einen Grund zum Feiern darstellt, wird hier anders gehandhabt. Es geht um den Verlust der zukünftigen Braut. Es wird bei diesem Brauch weniger der Neubeginn eines neuen Lebensabschnitts zelebriert, sondern eher der Abschied aus dem Alten. Man bekommt neben den traurigen Worten und dem Wehklagen der Anwesenden eher den Eindruck, als würde die junge Frau nicht heiraten, sondern ein Schnellrestaurant auf dem Mars eröffnen und für immer dort bleiben. Ähnlich bedrückende Bilder sieht man übrigens auch während der Henna-Nacht einer türkischen Hochzeit. Nach der Ansprache des Redners ändert sich jedoch die Stimmung und die Hochzeitsgesellschaft bricht in Jubel aus, bevor sich der Hochzeitszug in Bewegung setzt.

„Musikanten, ruhen lagt jetzt eure Geigen, Sporenklirr'n,
Getrappel, alles soll jetzt schweigen,
Denn ich fange nun die Abschiedsrede an.
Wartet drauf geduldig, bis ich enden kann.
Abschied nimmt die Braut jetzt von ihren Eltern,
Die sie aufgezogen, und von den Geschwistern.
Reden möcht' sie selber, doch sie kann es nicht,
Jeder sieht's an ihrem traurigen Gesicht.
Helfen wir ihr still, den Schmerz zu überwinden..."
(Ungarische Tiefebene)

Eine türkische Hochzeit

Jedes Land hat bei einer Hochzeit seine ganz eigenen Traditionen. An dieser Stelle möchte ich mal den Ablauf einer türkischen Hochzeit darstellen, obwohl das gar nicht so leicht ist. Die Abläufe können stark voneinander abweichen, je nachdem, in welcher Region man sich innerhalb der Türkei befindet. Tradition und Moderne treffen hier aufeinander, was oftmals zu Konflikten innerhalb des Landes führt. Eine Hochzeit in einer eher westlich geprägten Stadt wie Izmir oder Istanbul, der größten Stadt Europas, läuft demnach auch anders ab, als im östlichen Teil der Türkei, in Anatolien. Es kann also bei der folgenden Darstellung der türkischen Hochzeit zu starken Abweichungen kommen. Mit der türkischen Hochzeit verbinden viele Menschen noch immer folgenden Begriff: Die Zwangsheirat. Ja, es gibt sie noch immer, gerade in Ost- und Südostanatolien und ich möchte das Thema auch in keinster Weise verharmlosen, aber es wäre nicht richtig, diesen Zustand auf die gesamte Türkei zu projizieren. Widmen wir uns aber nun wieder dem Ablauf einer türkischen Hochzeit.

Die Verlobung

Während hierzulande normalerweise zwei Personen für die Verlobung verantwortlich sind, nämlich beide Partner, wird in der Türkei normalerweise die Familie mit einbezogen. Zunächst wird die Familie des möglichen Bräutigams von der Familie der zukünftigen Braut zum Kaffee eingeladen. Nach ein wenig „Small-Talk" bei Tee und Gebäck kommt man, spätestens wenn der Kaffee serviert wird, recht schnell auf den eigentlichen Grund des Besuches zu sprechen. Die Eltern oder der Vormund des potenziellen Bräutigams äußern den Heiratswunsch des Mannes. Die Familie der Frau erwünscht sich oftmals zunächst ein wenig Bedenkzeit und vor allem gute Argumente, warum sie ihre Tochter „hergeben" sollten. Manchmal steht die Entscheidung der Eltern der wohl zukünftigen Braut bereits fest, aber es soll nicht der Anschein erweckt werden, dass die Tochter leicht und für jedermann zu haben ist.

„Wir möchten zunächst hören, was unsere Tochter davon hält...", hört man oft aus dem Mund des Brautvaters. Im Anschluss daran kommt es ab und an vor, dass sich die Frauen zunächst zurückziehen und sich beraten. Ist man dann letztendlich zu einem positiven Ergebnis, im Sinne einer Verlobung, gekommen, gratuliert der Vater dem Paar und die Verlobungsringe, die mit einem roten Seidenband miteinander verbunden sind, werden aufgesteckt. Nach dem Durchtrennen des Bandes sind beide Partner endgültig und offiziell verlobt und es geht in unmittelbarem Anschluss daran an die Planung der anstehenden Feierlichkeiten. Die Verlobungsfeier wird in der Regel von der Familie der Braut organisiert und meist auch finanziert, während die Kosten für die Verlobungsringe von beiden Familien geteilt werden.

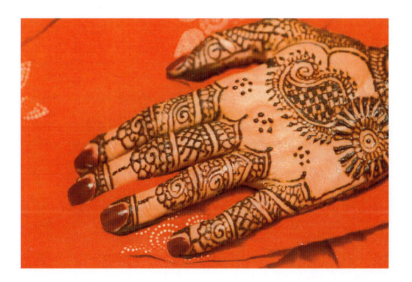

Die Henna-Nacht

Am Abend vor der Hochzeit wird die Henna-Nacht gefeiert. Normalerweise findet die Henna-Nacht im oder vor dem Haus der zukünftigen Braut statt. Die Frauen feiern diesen Abend getrennt von den Männern. Wer mit dem Begriff *Feiern* Spaß und Ausgelassenheit verbindet, wird sich wohl zunächst wundern, bei der Beobachtung der hier stattfindenden Feierlichkeiten: Die Atmosphäre wird bestimmt durch traurigen Gesang und Tränen. Die traurigen Lieder sollen die Braut zum Weinen bringen. Die Tränen der Braut bleiben jedoch verborgen, da ihr Gesicht von einem roten Schleier verdeckt wird. Es wird der Abschied zelebriert, der Abschied aus einem Lebensabschnitt, der Abschied aus der Vergangenheit, als unverheiratetes Mädchen. Ein Tablett, auf dem Henna angerührt wird und auf dem sich Kerzen befinden, welche die bösen Geister vertreiben sollen, wird durch die Menge getragen und findet seinen Bestimmungsort bei der zukünftigen Braut. Deren Hände werden nun mit dem Henna bemalt. Das Auftragen von Henna soll der Braut Glück bescheren, während der rote Schleier die, wie wir sehen, international tätigen, bösen Geister abschrecken soll...

Die bemalten Hände der Frau werden anschließend zusammen mit einer Goldmünze in ein weißes Tuch gewickelt.

Der Tag der Hochzeit

Traditionell wird die Braut am Morgen der Hochzeit geschminkt, während der Mann zur Rasur geht. Oftmals erhielt der Bräutigam, speziell zu diesem Anlass einen Rasierumhang, ein Rasiertuch und eine Rasierschüssel von den Eltern der Braut. Auf die Gestaltung der Tücher und Umhänge wurde schon immer viel Wert gelegt. Auch die Aussteuer hatte eine große Bedeutung, war sie doch so etwas wie das Aushängeschild der Brautfamilie. In der Aussteuer befanden sich meist Gürtel- und Taschentücher, dazu mehrere Tücher in quadratischer Form, welche auch als Kopftücher verwendet wurden. Die Hochzeitsfeier an sich unterscheidet sich schon sehr stark von dem uns bekannten Ablauf einer Hochzeitsfeier. Klassische Hochzeitsspiele, wie wir sie kennen, findet man auf einer türkischen Hochzeitsfeier eher selten. Nachdem der Ehevertrag unterschrieben wurde, wird die Feier meist dominiert von Musik und Tanz. Was ebenfalls einen großen Teil der Feierlichkeiten einnimmt, sind die Beschenkungen des Hochzeitspaares. Dieser Abschnitt kann schon mal, je nach Größe der Hochzeitsgesellschaft, etwas länger dauern, da alle Gäste einzeln an das Hochzeitspaar herantreten und ihr Geschenk überreichen. Manchmal werden die Gäste auch einzeln aufgerufen und begeben sich dann zum Hochzeitspaar. Die Geschenke bestehen oft aus Gold- und Silberschmuck, Münzen und Geldscheinen. Die Geldscheine werden dabei meist an einem breiten roten Band, welches die Hochzeitsleute über ihrer Kleidung tragen angesteckt. Anschließend wird getanzt und ausgelassen gefeiert.

Zum Schluss...

Die Hochzeit ist wie ein großes, sehr wertvolles Buch. Ein Buch voller Emotionen. Wer seine Hochzeit feiert, schreibt gleichzeitig sein eigenes, ganz einzigartiges Buch. Der Autor dieses Werkes hat wahnsinniges Glück. Er ist in der inhaltlichen Gestaltung an keine Regeln gebunden, kann sich ausleben, kann seine Fantasien wahr werden lassen. Doch auch der Autor muss eine gewisse Struktur beachten, um aus vielen einzelnen Kapiteln etwas Großes, Zusammenhängendes werden zu lassen. Ihre Hochzeit ist der Höhepunkt all der Vorbereitungen, das Happy End, welchem viele Kapitel vorausgingen.

Sie haben in diesem Buch zahlreiche Hochzeitsbräuche kennengelernt und all diese Bräuche können Bestandteile Ihrer Hochzeit werden. Auf welche dieser Bräuche Sie auch zurückgreifen werden, am Ende sind sie eines: Die Kapitel Ihres eigenen, wertvollen Buches!

Allen Lesern, die Ihren großen Tag gerade planen wünsche ich, dass Sie etwas Großes, etwas Unvergessliches schaffen, und dass sie ihre Hochzeit, ja, ihr Buch so gestalten, wie sie es sich immer erträumt haben.
Allen Lesern, deren Hochzeitstag bereits zurückliegt wünsche ich, dass sie ihr selbst erstelltes Buch auch in Zukunft ab und an mal aus dem Regal holen, entstauben und an die wunderschönen Augenblicke zurückdenken.

Vielleicht sieht man sich ja mal auf unserer Homepage www.diggis-hochzeitsforum.de!

Ich wünsche Ihnen alles Gute!

Anhang

Kleine Liebesgötterkunde

Name	Beschreibung	Woher?
Aizen Myo-o	Gott der Schönheit und Liebe	Japanisch - buddhistisch
Ani - Ibo	Göttin der Liebe, des Glücks, der Geburt und des Todes	Afrikanisch
Branwen	Göttin der Liebe und der Sexualität. Göttin des Meeres	Keltisch
Cupido / Amor (griech.)	Gott der Liebe, Begierde und Leidenschaft. Sohn der Venus	Römisch
Freya	Göttin des Krieges, der Liebe, der Fruchtbarkeit und der Schönheit	Nordisch
Hathor	Göttin der Liebe, Schönheit und Musik	Ägyptisch
Inanna	Göttin der Liebe und der Fruchtbarkeit, aber auch Göttin des Krieges	Sumerisch
Juno / Hera (griech.)	Göttin des Himmels und des Mondes, Schützerin der Frauen	Römisch
Kamadeva	Gott der Liebe	Indisch
Lakshmi	Göttin der Schönheit und der Liebe	Indisch
Venus / Aphrodite (griech.)	Mutter Cupidos, Göttin des Verlangens und der Liebe	Römisch
Vishnu	Gott der Liebe	Indisch

Die Blumensprache

A
Ackermenning - Dankbarkeit
Adonisröschen - Danke!
Ahorn - Zurückhaltung
Akazie gelb - Meine heimliche Liebe
Akazie rosa - Glückseligkeit, Eleganz
Akelei - Schwächling, Verrücktheit
Angelika - Heimliche Küsse
Aloe - Betrübtheit
Alpenrose - Wann gibt es ein Wiedersehen?
Alpenveilchen - Gleichgültigkeit, Schüchternheit
Amarylis - Stolz, Schüchternheit
Anemone - Ich fühle mich so verlassen.
Apfelblüte - Du hast Vorrang.
Aster - Ich weiss nicht, ob Du treu bist…
Aurikel - Unbeständigkeit
Azalee - Aufrichtigkeit, Mäßigkeit

B
Bärenklau - Du hast Sinn für Kunst.
Baldrian - Ich komme Dir entgegen.
Basilikum - Ich wünsche Dir alles Gute.
Beifuss - Gesundheit, Glück
Beissbeere - Schmerzen
Belladonna - Schönheit, die mit Vorsicht zu genießen ist…
Bellis - Demut
Birke - Du bist sanftmütig.
Birnenblüte - Du bis unnatürlich.
Blaustern - Bitte vergebe mir!
Brennessel - Grausamkeit
Brunnenkresse - Das Glück liegt in Deiner Hand.
Buche - Ich wünsche, dass es Dir gut geht.
Buchsbaum - Du bist spröde.
Butterblume - Du bist undankbar.

C
Christrose - Nimm mir die Furcht.
Chrysantheme weiss - Aufrichtigkeit
Chrysantheme gelb - Du bist sehr oberflächlich.
Chrysantheme rot - Liebe von ganzem Herzen

D
Dahlie: Dankbarkeit, Unbeständigkeit
Dill - Danke für Deine Unterstützung!
Distel - Gefahr

E

Edelweiß - Du bist sehr hübsch
Efeu - Liebe. Treue
Eibe - Ewige Liebe
Eichenlaub - Mut
Enzian - Unbeschreibliche Schönheit
Erdbeerblüte - Unreife,
Erika - Ich bin gerne allein

F

Fackellilie - Unsere Liebe wird uns führen...
Farnkraut - Begeisterung
Federnelke - Mut, Leichtsinn
Feuerlilie - Feuer, Leidenschaft
Fingerhut - Schlechte Erfahrungen, Unehrlichkeit
Flieder weiss - Zuneigung
Flieder blau - Es könnte Probleme geben...
Flieder dunkel - Mein Herz gehört einzig und allein Dir!
Fresie - Zärtlichkeit
Fuchsie - Du hast einen guten Geschmack.

G

Gänseblümchen - Unschuld, Naivität
Gardenie - Sympathie, heimliche Liebe
Gartenraute - Verachtung
Gartenwicke - Ich trenne mich! Trotzdem Danke...
Geißblatt - Verlangen nach Liebe, Hoffnung
Geranie -Wir treffen uns dort, wie wir es besprochen haben...
Gladiole - Du beweist Stärke!
Glockenblume - Dankbarkeit, Einigkeit
Gloriosalilie - Ich möchte nur in Deiner Nähe sein...
Goldlack - Ich vermisse Dich!
Grashalm - Nutzen

H

Hainblume - Ich verzeihe Dir
Himmelsschlüssel - Ich vergöttere Dich!
Hortensie - Du Angeber!
Hyazinthe weiss - Diskretion
Hyazinthe gelb - Eifersucht
Hyazinthe rot - Schmerz
Hyazinthe blau - Stabilität
Hyazinthe purpur - Verzeihe mir!

I

Immergrün - Schöne Erinnerungen
Immortelle - Immerwährende Liebe
Iris weiss - Ich stehe Dir bei, für immer!
Iris gelb - Ich werde immer bei Dir sein!
Iris rot - Ich würde mein Leben für Dich geben...
Iris blau - Ich bin nur für Dich da!

J
Jasmin weiss - Liebenswürdigkeit
Jasmin gelb - Freundschaft, Anmut
Jungfernrebe - Geschwisterliche Liebe

K
Kamelie weiss - Schönheit in Vollendung
Kamelie rosa - Ich möchte bei Dir sein!
Kamelie rot - Mein Verlangen gilt Dir!
Kamille - Deine Eifersucht macht mich wahnsinnig!
Kapuzinerkresse - Leidenschaft, Misstrauen
Kastanienblüte - Würdest Du mir verzeihen?
Kiefer - Mitleid
Klee weiss - Du bist für mich mehr als nur ein Flirt…
Klee rot - Denke an mich…
Klette - Anhänglichkeit
Krokus - Bitte gebe mir noch etwas Zeit.

L
Lavendel - Misstrauen
Lilie weiss - Reinheit
Lilie gelb - Vornehmheit, Zweifel
Lilie orange – Verabscheuung!!!
Lilie rosa - Eitelkeit
Lindenblüte - Ich wünsche Dir süße Träume.
Löwenmaul - Aufgeblasenheit
Löwenzahn - Gesundheit
Lorbeer -Ruhm und Ehre

N
Nachtschatten - Ehrlichkeit
Narzisse weiss -Unvergängliche Sehnsucht
Narzisse gelb - Du bist egoistisch!
Nelke weiss - Treue, reine Liebe
Nelke gelb - Ich verachte Dich!
Nelke rosa - Niemals werde ich Dich vergessen…
Nelke rot - Unerfülltes Verlangen nach Liebe…

M
Mädchenauge - Liebe auf den ersten Blick!
Magnolie - Naturverbundenheit
Maiglöckchen - Jungfräulichkeit, Unschuld, Aussicht auf Glück
Majoran - Lüge
Margerite - Unentschlossenheit
Mimose - Empfindlichkeit
Mistel - Beharrlichkeit, Wille zum Erfolg
Mohn - Trost
Myrte - Freundschaft, Glück

O, P, Q
Orangenblüte - Fruchtbarkeit, Reinheit, Rücksicht
Orchidee - Verspieltheit
Passionsblume - Heilige Liebe
Petersilie - Häuslichkeit
Petunie - Verliere nicht Deine Hoffnung!
Pfefferminze - Verzeihung...
Pfingstrose - Schüchternheit, Scham, Überfluss an Liebe
Pfirsichblüte - Du bist so bezaubernd.
Phlox - Freunde für immer...
Polsternelke - Leichtsinn
Primel - Zufriedenheit, Hoffnung, erste Liebe
Quecke - Bitte gebe mir noch eine Chance

R
Ranunkel - Zauberhaftigkeit, Anziehungskraft
Reseda - Denke an mich...
Rhododendron - Der Beginn einer Liebe
Ringelblume - Verzweiflung, Klugheit
Rittersporn - Leichtsinnigkeit
Rose rot - Ich liebe Dich über alles!
Rose hellrosa - Deine Gefühle zu mir werden Dir bald klar sein...
Rose gelb - Abnehmende Liebe, Bist du untreu?
Rose weiß - Verspielte Liebe, Reinheit
Rose lachsfarben - Bewunderung
Rose orange - Begeisterung
Rose blau - Freiheit, Extravaganz
Rose weiß (Knospe) - Zu jung für Liebe....
Rose (ohne Dornen) - Unwiderstehlich-

T
Tausendgüldenkraut - Mein Geld ist Dir wichtiger als ich...
Tollkirsche - Du bist schön, aber nicht ungefährlich
Tomatenblüte - Kinderwunsch
Tulpe gelb - Du bist wie der Sonnenschein...
Tulpe rot - Meine Liebe zu Dir ist noch nicht erloschen...
Tulpe blau - Treue

S
Salbei weiss - Respekt, Gesundheit
Salbei rot - Ich gehöre Dir, für immer!
Salbei blau - Ich werde immer an Dich denken
Sauerampfer - Empfindlichkeit
Schafgarbe - Feindschaft
Schilf - Treffe endlich eine Entscheidung!
Schneeglöckchen - Trost, Hoffnung
Sonnenblume - Stolz, Hochmut, Frohsinn
Stachelbeerblüte - Du hast mich beleidigt!
Stiefmütterchen - Erinnerung, Andenken

U,V
Ulme - Würde
Usambaraveilchen - Ich werde zurück kommen…
Verbene - Ich wurde verhext!
Veilchen weiss - Meine Zukunft mit Dir…
Veilchen blau - Geduld, Treue
Veilchen blau (im Gesicht) - Fremdgegangen??
Vergissmeinnicht - Vergiss mich nicht, ich denke an Dich…

W,X,Y,Z
Wegwarte - ich warte sehnsüchtig auf Dich
Weinlaub - heute Abend schon etwas vor??
Weißdorn - Hoffnung
Winde - Ich werde immer bei Dir sein
Ysop - Kummer
Zimmerbegonie - Schamgefühl
Zypresse – Unglücklichkeit, Trauer

Aus dem Tagebuch eines Geistes…

29.04.2009

Ein weiterer Tag neigt sich dem Ende zu. Ein weiterer Tag ohne Ausbeute. Ein weiterer unglücklicher, sinnloser Tag. Die Zeiten sind schwerer geworden. Es scheint beinahe unmöglich, einen guten Fang zu machen. Sie sind uns stets einen Schritt voraus, die festlich gekleideten Damen. Sie bilden Ringe, die zu durchdringen wir nicht in der Lage sind. Sie verletzen unsere Augen mit Kerzen. Sie überlisten uns, wenn wir uns unter den Türschwellen des zukünftigen Heimes der Glücklichen einnisten. Und dieser Lärm, dieser unaufhörliche Lärm. Damals waren es Schüsse, heute sind es am Hochzeitsgefährt hängende Dosen und der Lärm von Trompeten, von Gesang und Geschrei. Sie verstecken ihr Gesicht unter Schleiern, so dass wir sie weder sehen, noch in ihr Innerstes vordringen können. Sie schützen sich mit diversen Gegenständen, vier Stück an der Zahl, darunter auch ein blauer Gegenstand. Als wüssten sie, dass wir diese Farbe verabscheuen und unseren Blick ab-

wenden müssen. Sie verwirren uns, sie schaffen sich Doppelgänger und nennen sie Brautjungfern. In der Kirche stehen sie eng an ihrem Partner und nehmen uns jede Gelegenheit, uns dazwischenzudrängen. Sie schützen sich mit Rosmarin und Majoran. Sie lenken uns ab, indem sie Münzen in die Menge werfen, weil sie genau wissen, dass wir ihrer habhaft werden wollen. Sie, die Bräute. Wir sind machtlos. Was ist der Sinn unseres Daseins? Wir Geister sind überflüssig, taugen lediglich noch als Antagonisten in zweitklassigen Schauspielen um dem Protagonisten einen Wert zu verleihen. Wir sind die Gegenspieler des Guten und dennoch: Ohne uns, das Böse, gäbe es das Gute nicht. Manchmal erwische ich mich, wie ich aus weiter Entfernung die Braut an ihrem großen Tage beobachte. Wie sie lacht. Wie ihre Augen strahlen. Die spürbare Freude all jener, die dieser Veranstaltung beiwohnen. Freude, nichts als Freude, nichts als…Freude? Ist es das wonach ich strebe? Bin ich, das Böse nicht etwas, das gekommen ist, um die Freude zu nehmen? Das Lächeln ist eine angeborene Kunst, deren Erlernung nicht notwendig ist. Sie steckt in jeden dieser Menschen. Ich bin dazu nicht in der Lage. Oder doch? Ich höre oft, das Liebe die Basis einer glücklichen Zukunft ist, einer Zukunft, in der die Kunst des Lächelns zur Selbstverständlichkeit wird. Ist das Lächeln und die Liebe meine Motivation? Ist es nicht so, dass ich der Freude wegen diesen Menschen nah sein möchte? Ja, ich liebe das Lächeln. Ich, ein böses etwas, kann tatsächlich sagen: Ich bin verliebt! Und dennoch, ich bin nichts Besonderes, sondern lediglich ein Wesen, welches auf der Suche ist.
Auf der Suche nach dem Augenblick.
Dem Augenblick der Freude…

Ich freue mich auf morgen. Ein weiterer Tag, nicht als Geist, sondern als Verliebter. Das ist es, was wir gemeinsam haben! Die Liebe! Und darum werde ich, liebe Bräute, niemals aufhören weiterzumachen. Als verliebter Geist…

Ich beende diesen Tagebucheintrag.
Mit einem Lächeln…

Index

A

Aberglaube · 122
Altes, Neues, Geliehenes und etwas Blaues · 80
Aluminiumhochzeit · 119
Äthiopien · 126
Aussteuer · 31, 43
Australien · 126
Autokonvoi · 84

B

Baum · 97
Baumwollene Hochzeit · 114
Bescheid-Tüchlein · 80
Besentanz · 73
Betelpäckchen · 134
Bierhochzeit · 114
Birke · 98
Blecherne Hochzeit · 116
Blumen · 65
Blumensprache · 59, 65, 154
Bonbons · 130
Brasilien · 126
Braut aufwecken · 44
Brautbad · 44
Brautbecher · 93
Brautentführung · 82
Brautführer · 83
Bräutigamweitwurf · 135
Brautjungfern · 63, 64
Brautkauf · 145
Brautkleid · 54, 57, 64, 66, 124, 135
Brautkranz · 59
Brautkrone · 59
Brautkuss · 89
Brautlied · 141
Brautliedsingen · 141
Brautnacht · 107
Brautopfer · 46
Brautschleier · 61
Brautschuh · 123
Brautschuhe · 62, 63
Brautstrauß · 66
Brautstrauss · 63, 83
Brautstraußwurf · 66, 67
Brautsucher · 20
Brautwalzer · 71
Brautwerber · 20
Bridal Shower · 42
Bronzene Hochzeit · 117
Brot · 123
Brot und Salz · 85
Brotwerfen · 32
Bulgarien · 126
Burschenlauf · 96

C

China · 51, 106, 127, 128
Chrysanthemenhochzeit · 117

D

Dänemark · 129
Deckeln · 30
Diamantene Hochzeit · 120
Dienstag · 50
Donnerstag · 50

Dosen am Auto · 84

E

Eberesche · 98
Eh'häusl · 111
Ehe · 13
Ehebett · 107, 122, 146
Ehepfand · 33
Eiche · 98
Eichenhochzeit · 121
Eiserne Hochzeit · 120
England · 76, 129
Erbsensuppe · 138
Eselshochzeit · 79

F

Fensterln · 32
Finnland · 130
Flitterwochen · 110
Frankreich · 130
Freitag · 50
Friedelehe · 15
Friedenskuss · 90
Fruchtbarkeit · 11, 36, 44, 52, 67, 75, 86, 100, 101, 123, 124, 129, 138, 139, 146

G

Gaßlgehen · 140
Gastgeschenke · 100
Gebekörbe · 45
Geister · 11, 34, 43, 44, 46, 59, 60, 61, 63, 66, 70, 81, 84, 98, 99, 106, 107, 111, 122, 123, 124, 139, 145, 150, 158
Geistern · 46, 99, 108

Geldteppich · 143
Geschlechtertrennung · 136
Gläserne Hochzeit · 117
Glück · 12, 34, 36, 52, 57, 67, 72, 81, 85, 96, 100, 122, 130, 136, 141, 143, 145
Glücks · 53
Gnadenhochzeit · 121
Goldene Hochzeit · 120
Gravur der Eheringe · 29
Griechenland · 131

H

Häckselstreuen · 45
Hahnholen · 109
Handschuhe · 62
Haube · 25
Hawaii · 132, 133
Heanatanz · 139
Heiratsalter · 52
Henna-Nacht · 43, 149
Hennenrennen · 41
Herkulesknoten · 46
Herzauschneiden · 90
Hirschgrandl-Brosche · 32
Hochzeitsbitter · 22
Hochzeitsfeier · 22, 23, 55, 62, 63, 70, 71, 73, 76, 82, 84, 88, 89, 95, 100, 101, 109, 114, 129, 135, 138, 150
Hochzeitsjubiläen · 114
Hochzeitskerze · 81
Hochzeitskleider · 57
Hochzeitskleidung · 54
Hochzeitsknödel · 85
Hochzeitskuchen · 75
Hochzeitslader · 22, 46
Hochzeitsmahl · 45, 80, 85, 99, 109, 122, 123
Hochzeitsmandeln · 100
Hochzeitsnacht · 106, 146

Hochzeits-Piñata · 136
Hochzeitsreise · 111
Hochzeitsspalier · 90
Hochzeitsstreiche · 107
Hochzeitssuppe · 85
Hochzeitstanz · 71
Hochzeitstauben · 96
Hochzeitsteppich · 100
Hochzeitstorte · 75
Hochzeitswalzer · 71
Hochzeitszeitung · 102
Hölzerne Hochzeit · 115
Holzklotz · 134
Holzstammsägen · 87
Honeymoon · 110, 112
Honigwein · 112, 129
Hühner · 36
Hühnersuppe · 36

I

Indien · 133
Indonesien · 134
Italien · 100, 134

J

Jagdschein · 30
Japan · 135
Ja-Wort · 78
Junggesell(inn)enabschied · 40, 126
Junggesellin · 46

K

Kammerwagen · 92
Kannenlauf · 95
Käserinde · 25

Kebsehe · 15
Kellentanz · 108
Kenia · 135
Kindersegen · 11, 50, 76, 80, 86, 99, 123, 133, 139
Kindsbaum · 99
Kirche · 15, 16, 26, 60, 91, 96, 122, 124, 131, 145
Kränzen · 46
Kristallene Hochzeit · 117
Kronjuwelenhochzeit · 121
Kupferne Hochzeit · 116

L

Lederne Hochzeit · 115
Leinwandhochzeit · 119
Leiterwagen · 92
Lichtertanz · 71
Liebesgötter · 153
Liebesheirat · 13
Lumpenhochzeit · 117

M

Mahlschatz · 33
Maiehen · 24
Mandeln · 76
Marokko · 136
Martin Luther · 16
Mary Wortley Montagu · 65
Maschkern · 95
Mexico · 136, 137
Mittelalter · 14, 15, 25, 57, 62, 66, 81, 109, 110
Mittwoch · 50
Montag · 49
Morgengabe · 108
Münzentanz · 73
Muntehe · 14

Myrte · 32, 47, 66, 122, 156

N

Nebel · 122
Nickelhochzeit · 117
Niger · 138
Nigeria · 138
Norddeutschland · 36
Norwegen · 138

O

Österreich · 95, 139, 140, 141

P

Perlenhochzeit · 118
Petersilienhochzeit · 117
Philippinen · 141, 142
Polen · 106, 142
Polterabend · 33, 34
Porzellanhochzeit · 117
Probenächte · 24
Prograder · 22

R

Regen · 52
Reis werfen · 86
Ring · 28
Rosenhochzeit · 117
Rosentanz · 74
Rosenwasser · 143
Rubinhochzeit · 119
Rumänien · 31, 142, 143

S

Samstag · 50
Schenke · 79
Schleier · 59
Schleiers · 72
Schleiertanz · 72
Schmetterlinge · 133
Schottland · 143, 144
Schräppeln · 46
Schuhe · 36, 86
Schuhsohle · 143
Schuhwerfen · 86
Schweden · 145
Schweiz · 87, 145
Seil · 91
Silberlöffel · 144
Silberne Hochzeit · 118
Sonntag · 51
Spanien · 145
Steinerne Hochzeit · 121
Strumpfbandversteigerung · 130

T

Tagebuch · 158
Tannenbaum · 139
Tanzen · 70
Thailand · 51, 146
Trauzeugen · 41
Türkische Hochzeit · 148
Türschwelle · 43, 106, 143

U

Ungarn · 147
Unter die Haube · 25

V

Verlobung · 26, 148
Verlobungsfeier · 28
Verlobungsgeschenk · 33
Verlobungsring · 29
Verlobungsringe · 149
Vollmond · 122

W

wedding favours · 100
Wegsperre · 91

Weide · 98
Wetter · 51

Z

Zeitpunkt zum Heiraten · 49
Zeitungstanz · 74
Zinnerne Hochzeit · 116
Zwangsheirat · 148

Danksagung

Ich bedanke mich zunächst bei meiner Freundin Serpil für die Geduld, die Kritik, die hilfreichen Tipps und die leckere Bolognese! Außerdem bedanke ich mich bei den Personen, die an unseren Schreibwettbewerben teilgenommen haben, insbesondere Ramona Scheidecker, die beide Wettbewerbe gewinnen konnte und Ihre Texte für dieses Buch zur Verfügung gestellt hat.
Ich bedanke mich bei allen Mitgliedern von www.diggis-hochzeitsforum.de für die vielen guten Ideen und Vorschläge, ihr seid die Besten!
Natürlich bedanke ich mich auch bei Lena Mühleisen, die dieses Buch korrigiert hat und sicherlich eine Meeeenge damit zu tun hatte…

Letztendlich bedanke ich mich bei allen Geistern, ohne die viele Hochzeitsbräuche nie entstanden wären…

…und am Ende geht es bei allem Stress der Hochzeitsplanung, bei allen Problemen, die während dieser Zeit auftreten und scheinbar den letzten Nerv rauben doch nur um eines: Die Liebe zwischen zwei Personen. Und darum werden aus den Problemen Problemchen, die spätestens beim Gute-Nacht-Kuss wie Seifenblasen zerplatzen…

Bildverzeichnis

S.20: Wilibald von Schulenburg, *Wikimedia Commons*
URL=http://commons.wikimedia.org/wiki/Image:Wilibald_von_Schulenburg041.jpg?uselang=de
S.21: Gerard van Honthorst, *Wikimedia Commons*
URL=http://commons.wikimedia.org/wiki/Image:Gerrit_van_Honthorst_-_De_koppelaarster.jpg?uselang=de
S.33: Falco, www.fotolia.de,
S.37: Emin Kuliyev, www.fotolia.de
S.49: Andre Bonn, www.fotolia.de
S.55: Deutsches Bundesarchiv, Bild 183-1985-0308-300
S.60: Rudolf Epp,
Url=http://de.wikipedia.org/wiki/Datei:Rudolf_Epp_Brautschmueckung.jpg
S.64: Nadezda Kraft, www.fotolia.de
S.66: Ysurkov, www.fotolia.de
S.68: Toni Frissell, Wikimedia Commons
URL=http://commons.wikimedia.org/wiki/File:Jacqueline_Bouvier_Kennedy_Onassis 2.jpg
S.69: Deutsches Bundesarchiv, Bild 102-12438
S.75: Evania Di Cioccio, www.fotolia.de ,
S.77: Friday, www.fotolia.de
S.84: Unopix, www.fotolia.de,
S.89: Andre Illing, www.fotolia.de
S.94: www.weddix.de, S.98: Peter Brauers
S.101: Klaus Mölter, First Glass Promotion, www.erinnerungsgeschenk.de
S.111: Stadtbau Amberg, Foto Rode/Sommer, www.ehehaeusel.de
S.113: Stephen Coburn, www.fotolia.de,
S.121: Papirazzi, www.fotolia.de
S.125: Maksym Yemelyanov, www.fotolia.de,
S.132: hapa7, www.fotolia.de
S.149: Michael Pettigrew, www.fotolia.de
S.165: Annette Shaff, www.fotolia.de

Zitate in diesem Buch:

S. 14: Karl Weißbrodt - *Die eheliche Pflicht*
Heel-Verlag 2005
S.15: Eberhardt Straub - *Das zerbrechliche Glück*
WJS-Verlag 2005
S. 113: Anais Nin - *Wir steuern den Kurs unserer Ehe nur mit tiefer Liebe*
Nymphenbuerger Verlag 1998

Weiteres vom Autor dieses Buches:

100% Hochzeit!
Der etwas andere Ratgeber zur Hochzeitsvorbereitung…

184 Seiten
ISBN: 978-3833495267

Auszüge aus diversen Rezensionen:

„Ein Muss für jeden der einen tollen, nicht prüden Hochzeitsratgeber sucht!"

„Ein tolles Buch, dass mir geholfen hat wieder ein wenig ruhiger und strukturierter an die Planung heranzugehen …"

„Selten wurde bei einem Ratgeber dieses Themenbereichs ein solch unterhaltsamer Ton angeschlagen …"